GABRIELLA PORINO

KATMANDU 1

ATLANTE

Lattes

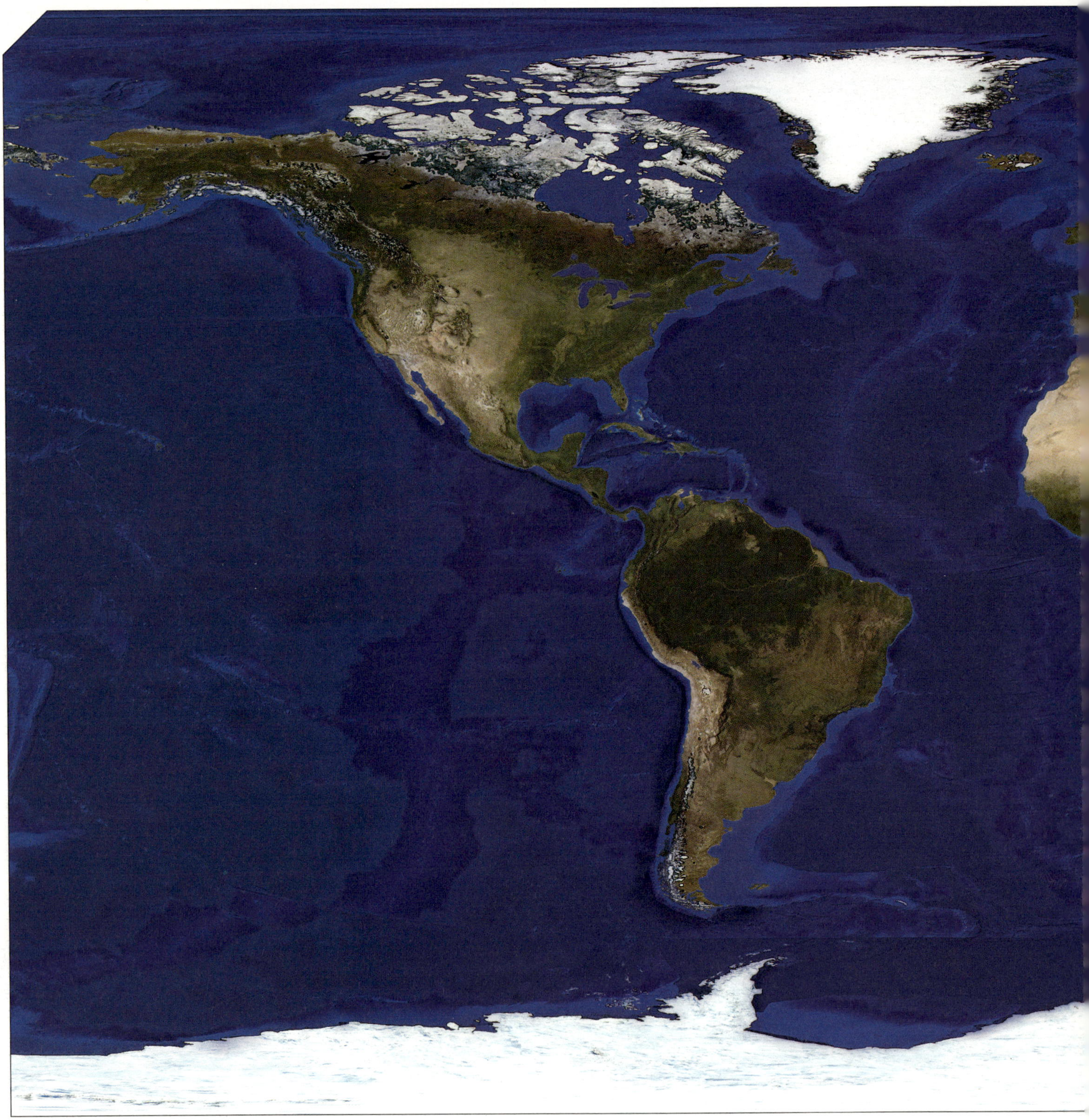

IL PLANISFERO DAL SATELLITE

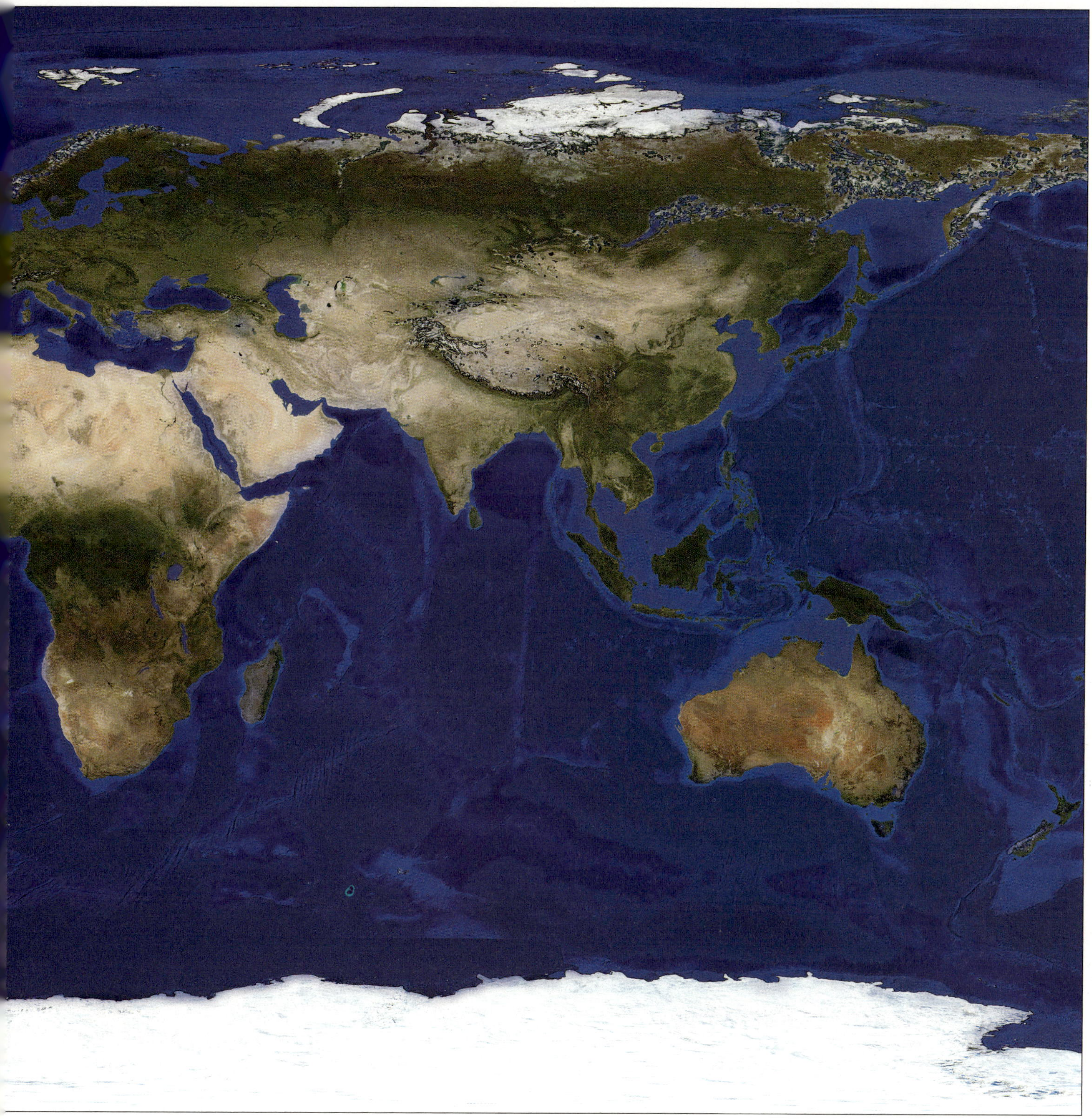

IL PLANISFERO FISICO
0
2000
4000 km
Scala 1:100.000.000
CARTA ATTIVA
Capo Barrow
Mar di Beaufort
Stretto di Bering
Alaska
Circolo Polare Artico
M.ti Mackenzie
Yukon
Mc Kinley 6194
Isole Regina Elisabetta
Ellesmere
Isole Parry
Isola Victoria
Baia di Baffin
Isola di Baffin
GROENLANDIA
Svalbard
Gran Lago degli Orsi
Gran Lago degli Schiavi
Circolo Polare Artico
Stretto di Davis
Is. Jan Mayen
Mar di Norvegia
Canale di Danimarca
Islanda
Mar di Bering
Is. San Lorenzo
Is. Regina Carlotta
Catena Costiera
GRANDI PIANI OCCIDENTALI
Montagne Rocciose
Baia di Hudson
AMERICA SETTENTRIONALE
PENISOLA DEL LABRADOR
Isole Aleutine
Mare del Labrador
C. Farvel
Isole Shetland
Isole Britanniche
GRAN BRETAGNA
Mare del Nord
SCANDINAVIA
Mar Baltico
OCEANO PACIFICO
L. Superiore
L. Huron
L. Michigan
L. Ontario
Missouri
S. Lorenzo
Terranova
C. Race
C. Mendocino
C. Cod
Monti Appalachi
Mississippi
C. Conception
C. Hatteras
Isole Azzorre
C.da Roca
Pirenei
Alpi
Appennini
Mediterraneo
Is. Madeira
Is. Guadalupe
PIANURA COSTIERA
Isole Bermuda
Atlante
Isole Bahama
Golfo del Messico
Tropico del Cancro
C. Falso
Grandi Antille
OCEANO ATLANTICO
Is. Canarie
Mauritania
SAHARA
Ahaggar
AFRICA
Yucatán
C. Bianco
Mar delle Antille
Isole del Capo Verde
C. Verde
Senegal
Niger
Is. Clipperton
Is. Trinidad
Llanos
AMERICA MERIDIONALE
AMAZZONIA
Rio delle Amazzoni
SELVAS
Cordigliera delle Ande
Equatore
Isole Tokelau
Isole Galápagos (Arcip. di Colòn)
C. Palmas
Golfo di Guinea
Guinea
Congo
Is. Fernando de Noronha
C.S Rocco
Isole Marchesi
Is. Ascensione
Is. Sant'Elena
ALTOPIANO DEL MATO GROSSO
Isole della Società
ALTOPIANO DEL BRASILE
Golfo di Arica
Gran Chaco
Paraguay
Is. Martin Vaz
Is. Trinidade
C. Fria
Tropico del Capricorno
Pampas
Capo Frio
Serra do Mar
I. Rapanui (I. di Pasqua)
Aconcagua 6960
Paranà
Rio de la Plata
Isole Juan Fernández
PATAGONIA
Isole Falkland
Stretto di Magellano
Capo Horn
Isole Sandwich Australi
Isole Shetland Australi
TERRA DI GRAHAM
Circolo Polare Antartico
Mare di Weddell

MAR
GLACIALE ARTICO
Mar di Kara
Mar di Barents
M.ti Byrranga
ALTOPIANO CENTRALE
SIBERIANO
BASSOPIANO
SIBERIANO
OCCIDENTALE
Monti Urali
Jenissei
Ob
Lena
M.ti di Verhojansk
M.ti di Čerski
M.ti dell' Anadyr
Stretto di Bering
Alaska
Is. San Lorenzo
Mar di Bering
Isole Aleutine
S I B E R I A
A S I A
Mar di Ohotsk
Kamcatka
C. Lopatka
Sahalin
Isole Curili
L. Bajkal
M.ti Jablonovy
Amur
MANCIURIA
MONGOLIA
GOBI
Volga
RUSSIA
L. d'Aral
Mar Caspio
BASSOPIANO
TURANICO
Tian Shan
Pamir
Hindukush
Karakorum
TIBET
Himalaya
Everest
8845
MESOPOTAMIA
ARABIA
Mar Rosso
Nilo
Huang He
CINA
COREA
Mar del Giappone
GIAPPONE
Mar Giallo
Mar Cinese Orientale
Chang Jiang
Indo
Gange
Brahmaputra
OCEANO
PACIFICO
Isole Volcano
Taiwan
Assam
M.ti Vindhya
INDIA
Deccan
Ghati Or.
Ghati Occ.
Mare Arabico
Golfo del Bengala
Mekong
FILIPPINE
Isole Marianne
Isole Palau
Isole Marshall
Isole Caroline
Mar Cinese Merid.
Altopiano
Etiopico
Sri Lanka
Isole Nicobare
Isole Maldive
BORNEO
Arcipelago di Bismarck
L. Vittoria
Kilimangiaro
5895
Isole Amirante
Sumatra
Celebes
Nuova Guinea
Isole Salomone
L. Tanganica
L. Malawi
Isole Seicelle
Mar di Giava
Giava
Mar di Timor
Pen. di York
Mar dei Coralli
Canale di Mozambico
Madagascar
Isole Cocos
OCEANO INDIANO
Isole Figi
Gran Deserto Sabbioso
C. Nord Ovest
Nuova Caledonia
C.S. Maria
AUSTRALIA
Gran Deserto Vittoria
Gran Catena Divisoria
Isole Kermadec
Is. San Paolo
C. Leeuwin
Gran Baia Australiana
Isole Crozet
Mar di Tasman
Isola del Nord
Tasmania
Isole Kerguelen
Nuova Zelanda
Isole Mc Donald
Is. Auckland
Isola del Sud
Isole degli Antipodi
Is. Campbell
Is. Macquarie
ANTARTIDE
60°
90°
120°
150°
180°
30°
0°

IL PLANISFERO POLITICO

60°
90°
120°
150°
180°
150°
60°
30°
0°
30°
Nuova Zemlja
RUSSIA
Jenisej
Lena
Ob
Mar di Ohotsk
Mar di Bering
Stretto di Bering
ALASKA (U.S.A.)
Isole Aleutine
Sakhalin
Isole Curili
Mosca
Volga
COMUNITÀ DI STATI INDIPENDENTI
Astana
KAZAKISTAN
Ulan Bator
MONGOLIA
Mar Caspio
UZBEKISTAN
Alma-Ata
Biškek
Taškent
KIRGHIZISTAN
Dušanbe
TAGIKISTAN
TURKMENISTAN
Ašgabat
GEORGIA
Baku
ARM.
AZERB.
SIRIA
Beirut
Damasco
Amman
GIORDANIA
Baghdad
IRAQ
Teheran
IRAN
Kabul
AFGHANISTAN
Islamabad
PAKISTAN
KUWAIT
Al Kuwait
BAHRAIN
Manama
QATAR
Doha
Abu Dhabi
E.A.U.
Riyadh
Mascate
ARABIA SAUDITA
OMAN
YEMEN
San'a
ERITREA
Asmara
GIBUTI
Addis Abeba
ETIOPIA
SOMALIA
Mogadiscio
KENYA
Kampala
Nairobi
TANZANIA
Dodoma
MALAWI
Lilongwe
MOZAMBICO
Maputo
SWAZILAND
COMORE
Moroni
Antananarivo
MADAGASCAR
Reunion (Fr.)
Port Louis
MAURIZIO
SEICELLE
Victoria
CINA
Pechino
Huang He
Chang Jiang
COREA DEL NORD
P'yongyang
Seoul
COREA DEL SUD
GIAPPONE
Tokyo
Isole Ryukyu (Giapp.)
Isole Ogasawara (Giapp.)
I. Marcus (Minami Tori) (Giapp.)
Le Midway (U.S.A.)
OCEANO
PACIFICO
New Delhi
NEPAL
Katmandu
BHUTAN
Thimphu
Gange
INDIA
Dacca
BANGLADESH
MYANMAR (BIRMANIA)
Yangon
LAOS
Vientiane
Hanoi
VIETNAM
THAILANDIA
Bangkok
CAMBOGIA
Phnom Phen
Macao (Port.)
Hong Kong
Taipei
TAIWAN
Mar Cinese Meridionale
Manila
FILIPPINE
Isole Laccadive (India)
MARE ARABICO
Golfo del Bengala
SRI LANKA
Colombo
Male
MALDIVE
MALAYSIA
Kuala Lumpur
SINGAPORE
BRUNEI
Bandar Seri Begawan
Sumatra
Borneo
INDONESIA
Jakarta
Giava
Dili
Isole Chagos (Inghilterra)
Isole Cocos (Austr.)
I. Wake (U.S.A.)
Isole Marianne
(U.S.A.) in amministrazione fiduciaria
I. Guam (U.S.A.)
ISOLE MARSHALL
Koror
PALAU
Isole Caroline
Arcipelago di Bismarck
Baikiri
KIRIBATI
NAURU
Isole Gilbert
Nuova Guinea
PAPUA NUOVA GUINEA
Port Moresby
SALOMONE
Honiara
TUVALU
Fongafale
Tokelau (N.Z.)
SAMOA
Apia
Le Wallis (Fr.)
VANUATU
Port-Vila
FIGI
Suva
TONGA
Nuku'alofa
Mar dei Coralli
Nuova Caledonia (Fr.)
OCEANO
INDIANO
AUSTRALIA
Canberra
Tasmania
Isole Kermadec (N.Z.)
NUOVA ZELANDA
Wellington
I. Amsterdam (Fr.)
I. Kerguelen (Fr.)

L'EUROPA DAL SATELLITE

L'EUROPA FISICA

Mar di Barents
PEN. DI KANIN
PEN. DI KOLA
Mar Bianco
Lago Inari
CARELIA
Onega
Lago Onega
Lago Ladoga
Ripiano dei Laghi
SALPAUSSELKÄ
G. di Finlandia
Monti Timani
Monti Urali
Narodnaja 1894
Konzakovski 1569
Jamantau 1640
Divna Sett.
Bac. di Rybinsk
Bassopiano Sarmatico
Volga
Bacino di Mosca
Alture del Volga
Dvina Occid.
Moskva
Alture di Minsk
Rialto Centrale Russo
Steppa dei Kirghisi
Ural
Lago d'Aral
DEPRESSIONE CASPICA
Don
Alture del Don
VOLINIA
Teterev
Dnepr
PODOLIA
BESSARABIA
MOLDOVA
Alture del Donec
Manyč
Mar d'Azov
Kuma
Mar Caspio
Alpi Transilvaniche
2518
Vf. Paringul Mare
CRIMEA
Str. di Kerč
Kuban
Caucaso
Elbrus 5642
Foce del Danubio
Mar Nero
Balcani
Botev 2376
PEN. BALCANICA
C. Ince
Monti del Ponto
Ararat 5165
ARMENIA
Van
L. di Urmia
Mti. Elburz
Bosforo
TRACIA
Mar di Marmara
Altopiano dell'Anatolia
Mar Egeo
EUBEA
Attica
Cicladi
Rodi
Matapan
Creta
G. di Adalia
G. di Iskenderun
Cipro
DESERTO SIRIACO
MESOPOTAMIA
Eufrate
Tigri
Monti Zagros

L'EUROPA POLITICA
0 150 300 150 600 km
Scala 1:15.000.000
Confine di Stato
Capitale di Stato
Altre città principali
CARTA ATTIVA
Oceano Atlantico
Circolo Polare Artico
Mar di Norvegia
Mare del Nord
La Manica
Golfo di Biscaglia
Mar Tirreno
Mar Adriatico
Isole Far Oer (Dan)
Isole Shetland
Isole Orcadi
Isole Ebridi
Isole Baleari
ISLANDA
REYKJAVIK
Husavik
NORVEGIA
Trondheim
Bergen
OSLO
SVE
Göteborg
Helsingborg
DANIMARCA
COPENAGHEN
Odense
REGNO UNITO
Aberdeen
Glasgow
Edimburgo
Belfast
Bradford
Leeds
Liverpool
Nottingham
Leicester
Birmingham
LONDRA
Tamigi
Plymouth
Brighton
IRLANDA
DUBLINO
Wexford
Cork
PAESI BASSI
AMSTERDAM
Rotterdam
Groninga
Anversa
BRUXELLES
BELGIO
Lilla
LUSSEMBURGO
GERMANIA
Bremerhaven
Rostock
Amburgo
Brema
Hannover
BERLINO
Dortmund
Colonia
Lipsia
Dresda
Francoforte
Stoccarda
Monaco
Reno
Elba
Weser
Danubio
PRAGA
AUSTRIA
VIENN
Danubio
FRANCIA
Brest
Le Havre
Rennes
PARIGI
Orléans
Senna
Loira
Mosa
Limoges
Bordeaux
Lione
Rodano
Grenoble
Tolosa
Montpellier
Marsiglia
Cannes
MONACO
ANDORRA
ANDORRA LA VELLA
SVIZZERA
BERNA
Basilea
Zurigo
LIECHTENSTEIN
ITALIA
Milano
Torino
Bolzano
Venezia
Genova
Bologna
Firenze
S. MARINO
Perugia
CITTÀ DEL VATICANO
ROMA
Napoli
Po
Corsica
Bastia
Aiaccio
Sardegna
Sassari
Olbia
Cagliari
Sicilia
Palermo
Messina
Catania
Canale di Sicilia
MALTA
VALLETTA
SLOVENIA
LUBIANA
Fiume
Spalato
SPAGNA
La Coruña
León
Logroño
Ebro
Duero
Tago
Guadiana
Guadalquivir
MADRID
Saragozza
Barcellona
Tarragona
Valencia
Córdoba
Siviglia
Malaga
Cartagena
Ibiza
Maiorca
Minorca
PORTOGALLO
Porto
LISBONA
Str. di Gibilterra
Is. Alborán
Tangeri
MAROCCO
RABAT
Casablanca
ALGERIA
ALGERI
Orano
Batna
TUNISIA
TUNISI
60°
50°
40°
30°
20°
10°
0°
Long. 10° Est da Greenwich

Capo Nord
Mar di Barents
Narjan-Mar
Murmansk
Mezen
Mar Bianco
Arcangelo
Oulu
Onega
Dvina sett.
Kotlas
Serov
FINLANDIA
Lago Onega
Lago Ladoga
Jekaterinburg
Perm
Celjabinsk
Izevsk
Tampere
HELSINKI
G. di Finlandia
San Pietroburgo
Kazan
Ufa
TALLINN
ESTONIA
Novgorod
Jaroslavl
Ivanovo
Nizni Novgorod
Volga
RIGA
LETTONIA
MOSCA
R U S S I A
Samara
Orenburg
Daugavpils
Dvina Occid.
Rjazan
Moskva
Klaipeda
LITUANIA
Tula
Penza
Uralsk
RUSSIA
VILNIUS
MINSK
Orsa
Tambov
Saratov
Ural
BIELORUSSIA
Voronez
INDIPENDENTI
KAZAKISTAN
Vistola
Pinsk
Gomel
Kursk
STATI
Lago d'Aral
VARSAVIA
Volgograd
Don
KIJEV
Harkov
DI
Rovno
Dnepr
COMUNITÀ
UZBEKISTAN
L'viv
U C R A I N A
Dnipropetrovsk
Juzovka
Rostov-na-Donu
Cernovcy
Kuma
MOLDOVA
CHISINAU
Mar d'Azov
Mar Caspio
Oradea
Odessa
ROMANIA
TURKMENISTAN
Timisoara
Braila
Sebastopoli
BAKU
GEORGIA
BUCAREST
TBILISI
BELGRADO
Danubio
Mar Nero
AZERBAIGIAN
SERBIA
ARMENIA
Varna
Pleven
JEREVAN
SOFIA
Samsun
BULGARIA
SKOPJE
MACEDONIA
Istanbul
ANKARA
Bursa
TEHERAN
Salonicco
Balikesir
T U R C H I A
Malatya
Mare Egeo
I R A N
GRECIA
Smirne
Mosul
Patrasso
Konya
Adana
I R A Q
ATENE
Antiochia
Aleppo
Eufrate
S I R I A
NICOSIA
BAGHDAD
Tigri
CIPRO
LIBANO
Candia
Creta
BEIRUT
DAMASCO
20°
30°
40°
50°
60°
70°

L'EUROPA FISICA MUTA
0
150
300
150
600 km
Scala 1:15.000.000
Confine di Stato
Capitale di Stato
Altre città principali
30°
50°
20°
40°
10°
10°

70°
50°
60°
40°

L'ITALIA FISICA
0 50 100 150 200 km
Scala 1: 5.000.000
CARTA ATTIVA
Longitudine 12° Est da Greenwich
6° 8° 10° 12° 14° 16° 18°
46° 44° 42° 40° 38° 36°
L. di Neuchâtel
L. di Zurigo
L. dei Quattro Cantoni
L. di Ginevra
Vetta d'Italia 2912
ALPI CENTRALI
ALPI ORIENTALI
ALPI RETICHE
3342 Marmolada
DOLOMITI
Alpi Carniche
Alpi Giulie
4049 Pizzo Bernina
Alpi Lepontine
Alpi Orobie
Alpi Pennine
4808 M. Bianco
4478 Cervino
4634 M. Rosa
ALPI OCCIDENTALI
Alpi Graie
4061 Gran Paradiso
Alpi Cozie
3841 Monviso
3297 Argentera
Alpi Marittime
Rodano
L. di Lugano
L. di Como
L. Maggiore
L. d'Iseo
L. di Garda
Adige
Brenta
Tagliamento
Piave
Sava
Dora Baltea
Dora Riparia
Canale Cavour
Ticino
Adda
Mincio
Secchia
Trebbia
Tanaro
Po
Reno
Pianura Padana
Pianura Veneta
Monferrato
Langhe
G. di Trieste
Golfo di Venezia
Foci del Po
Valli di Comacchio
C. Promontore
Appennino Ligure
APPENNINO SETTENTRIONALE
App. Tosco Emiliano
2165 M.Cimone
Alpi Apuane
Golfo di Genova
C. Mele
Mar Ligure
GORGONA
Arno
Chianti
1407 M. Fumaiolo
App. Umbro
APPENNINO CENTRALE
Esino
L. Trasimeno
1738 M. Amiata
Ombrone
Tronto
Gran Sasso D'Italia
2912 Corno Grande
2216 Terminillo
App. Abruzzese
2795 La Maiella
Ciociaria
Tevere
Sangro
Biferno
2247 M. la Meta
ISOLA LUNGA
Mar Adriatico
CURZOLA
ISOLE TREMITI
PIANOSA
Testa del Gargano
Golfo di Manfredonia
CAPRAIA
C. Corso
G. di San Fiorenzo
I. D'ELBA
Can. di Piombino
Canale di Corsica
PIANOSA
GIGLIO
MONTECRISTO
GIANNUTRI
L. di Bolsena
C. Linaro
CORSICA
Golfo di Ajaccio
Bocche di Bonifacio
MADDALENA
CAPRERA
ASINARA
Golfo dell'Asinara
G. di Olbia
1362 M.Limbara
1259 M.Rasu
SARDEGNA
Tirso
M.ti del Gennargentu
G. di Orosei
G. di Oristano
Flumendosa
1236 M.Limas
SAN PIETRO
SANT'ANTIOCO
C. Teulada
Golfo di Cagliari
C. Carbonara
G. di Gaeta
PALMAROLA
PONZA
ISCHIA
Volturno
1281 Vesuvio
G. di Napoli
CAPRI
G. di Salerno
ARCIPELAGO CAMPANO
Mar Tirreno
App. Campano
1327 M. Vulture
Carapelle
Le Murge
Penisola Salentina
APPENNINO MERIDIONALE
App. Lucano
Sele
Basento
1899 M.Cervati
C. Palinuro
G. di Policastro
2248 M. Pollino
Golfo di Taranto
G. di S. Maria di Leuca
Crati
1930 La Sila
Mar Ionio
C. Rizzuto
G. di Squillace
G. di S. Eufemia
App. Calabrese
1423 M. Pecoraro
1956 Aspromonte
ISOLE EOLIE (LIPARI)
USTICA
STROMBOLI
PANAREA
SALINA
FILICUDI
ALICUDI
LIPARI
VULCANO
G. di Castellammare
C. S. Vito
C. Gallo
G. di Termini I.
ISOLE EGADI
LEVANZO
MARETTIMO
FAVIGNANA
1979 P.zo Carbonara
Mti. Nebrodi
3340 Etna
Le Madonie
Belice
Platani
Simeto
Mti. Erei
986 M.ti Iblei
Stretto di Messina
C. Spartivento
Golfo di Catania
SICILIA
G. di Gela
C. Passero
Canale di Malta
Canale di Sicilia
Mar Mediterraneo
Golfo di Tunisia
C.Bon
I. DI PANTELLERIA
LINOSA
ISOLE PELAGIE
LAMPEDUSA

L'ITALIA FISICA MUTA
0 50 100 150 200 km
Scala 1:5.000.000
Confine di Stato
Capitale di Stato
Altre città principali
6°
8°
10°
12°
14°
16°
18°
46°
44°
42°
40°
38°
36°

L'ITALIA POLITICA
0 50 100 150 200 km
Scala 1: 5.000.000
Confine di Stato
Confine di regione
Capitale di Stato
Capoluogo di regione
Capoluogo di provincia
CARTA ATTIVA
LIECHTENSTEIN
SVIZZERA
AUSTRIA
UNGHERIA
SLOVENIA
CROAZIA
BOSNIA-ERZEGOVINA
FRANCIA
ALGERIA
TUNISIA
CITTÀ DEL VATICANO
ROMA
SAN MARINO
Mar Ligure
Mar Adriatico
Mar Tirreno
Mar Ionio
Mar Mediterraneo
VALLE D'AOSTA
PIEMONTE
LOMBARDIA
TRENTINO-ALTO ADIGE
VENETO
FRIULI-VENEZIA GIULIA
LIGURIA
EMILIA-ROMAGNA
TOSCANA
MARCHE
UMBRIA
LAZIO
ABRUZZO
MOLISE
CAMPANIA
PUGLIA
BASILICATA
CALABRIA
SICILIA
SARDEGNA
Aosta
Verbania
Biella
Novara
Vercelli
Torino
Asti
Alessandria
Cuneo
Sondrio
Lecco
Varese
Como
Bergamo
Monza
Milano
Brescia
Lodi
Pavia
Cremona
Mantova
Bolzano
Trento
Belluno
Udine
Pordenone
Gorizia
Trieste
Treviso
Vicenza
Verona
Padova
Venezia
Rovigo
Piacenza
Parma
Reggio nell'Emilia
Modena
Ferrara
Bologna
Ravenna
Forlì
Cesena
Rimini
Genova
Savona
Imperia
La Spezia
Massa
Pistoia
Prato
Lucca
Pisa
Firenze
Livorno
Siena
Arezzo
Grosseto
Pesaro
Urbino
Ancona
Macerata
Fermo
Ascoli Piceno
Perugia
Terni
Teramo
Pescara
Chieti
L'Aquila
Viterbo
Rieti
Frosinone
Latina
Isernia
Campobasso
Foggia
Barletta
Trani
Andria
Bari
Benevento
Caserta
Napoli
Avellino
Salerno
Potenza
Matera
Brindisi
Taranto
Lecce
Cosenza
Crotone
Vibo Valentia
Catanzaro
Reggio Calabria
Messina
Trapani
Palermo
Enna
Caltanissetta
Catania
Agrigento
Siracusa
Ragusa
Tempio Pausania
Olbia
Sassari
Nuoro
Oristano
Tortolì
Lanusei
Villacidro
Sanluri
Iglesias
Carbonia
Cagliari
8°
10°
12°
14°
16°
18°
46°
44°
42°
40°
38°
36°

L'ITALIA POLITICA MUTA
0 50 100 150 200 km
Scala 1:5.000.000
Confine di Stato
Capitale di Stato
Altre città principali
8°
10°
12°
14°
16°
18°
46°
44°
42°
40°
38°
36°

L'ITALIA DAL SATELLITE

L'ITALIA SETTENTRIONALE
0
50
100
150
200 km
Scala 1:3.000.000
Confine di Stato
Confine di regione
Confine di provincia
Autostrade
Principali strade
Capoluogo di regione
Capoluogo di provincia
Principali montagne
CARTA ATTIVA
LIECHTENSTEIN
8°
10°
12°
14°
46°
44°
42°
Vetta d'Italia 2912
P. Lago Bianco 3532
Croda Alta 3287
Piz Sesvenna 3205
Adige
Gran Zebrù 3851
Blinnenhorn 3374
Pizzo Tambò 3275
Pizzo Bernina 4049
Lago Maggiore
Brenta 3150
M. Cervino 4478
M. Rosa 4634
M. Bianco 4810
Alpi Lepontine
Lago di Como
Lago di Lugano
Alpi Centrali
Alpi Orobie
Lago d'Orta
Alpi Pennine
Lago d'Iseo
Tagliamento
Isonzo
Dora Baltea
Lago di Garda
Brenta
Piave
Gran Paradiso 4061
Alpi Graie
Golfo di Trieste
Alpi Occidentali
Adda
Oglio
Mincio
Golfo di Venezia
Dora Riparia
Po
Pianura Padana
Adige
Monviso 3841
Alpi Cozie
Trebbia
Po
POLESINE
Foci del Po
Tanaro
Scrivia
Bormida
Stura
Valli di Comacchio
Reno
Appennino Ligure
M. Maggiorasca 1799
Alpe di Succiso 2017
Appennino Tosco Emiliano
Cimone 2165
Lamone
Senio
Alpi Marittime
Argentera 3297
Golfo di Genova
Mar Ligure
Mar Adriatico
TOSCANA
MARCHE
UMBRIA
ABRUZZO
LAZIO
Mar Tirreno
SARDEGNA

L'ITALIA CENTRALE
0 50 100 150 200 km
Scala 1:3.000.000
Confine di regione
Confine di provincia
Autostrade
Principali strade
Capitale di Stato
Capoluogo di regione
Capoluogo di provincia
Principali montagne
8°
10°
12°
14°
44°
42°
40°
38°
LIGURIA
EMILIA-ROMAGNA
SAN MARINO
Alpi Apuane
Appennino Tosco Emiliano
Carrara
Massa
Abetone 1368
Pistoia
Prato
Lucca
Firenze
Pisa
Arno
Livorno
TOSCANA
Arezzo
Siena
Gorgona
Capraia
Isola d'Elba
Golfo di Follonica
Grosseto
Ombrone
M. Amiata 1738
Pianosa
P. Lividonia
Giglio
P. Avoltore
Giannutri
Montecristo
Pesaro
Urbino
Metauro
Ancona
MARCHE
Catria 1701
Tevere
Macerata
Fermo
Perugia
Lago Trasimeno
Vettore 2476
Ascoli Piceno
Nera
Terni
Teramo
Gran Sasso 2912
Pescara
Lago di Bolsena
Viterbo
Rieti
L'Aquila
Chieti
P. della Penna
Velino 2487
Lago di Bracciano
LAZIO
ABRUZZO
Sangro
CITTÀ DEL VATICANO
ROMA
La Meta 2241
Foce del Tevere
Frosinone
MOLISE
Latina
Liri
C. Circeo
Golfo di Gaeta
CAMPANIA
Palmarola
Ponza
Ventotene
Isole Ponziane
Mar Adriatico
Mar Tirreno
Bocche di Bonifacio
C. Testa
Maddalena
Caprera
Asinara
Golfo dell'Asinara
GALLURA
Tempio Pusania
Tavolara
Olbia
Molara
Sassari
Lago del Coghinas
C. Caccia
Tirso
Nuoro
Lago Omodeo
Golfo di Orosei
C. Mannu
Monti del Gennargentu
Oristano
Golfo di Oristano
Tortolì
Lanusei
SARDEGNA
IGLESIENTE
Sanluri
Iglesias
San Pietro
Carbonia
Cagliari
C. Ferrato
Sant'Antioco
C. Carbonara
C. Teulada
C. Spartivento
Canale di Sardegna
CARTA ATTIVA

L'ITALIA MERIDIONALE
0 50 100 150 200 km
Scala 1:3.000.000
Confine di regione
Confine di provincia
Autostrade
Principali strade
Capoluogo di regione
Capoluogo di provincia
Principali montagne
CARTA ATTIVA
ABRUZZO
LAZIO
MOLISE
CAMPANIA
PUGLIA
BASILICATA
CALABRIA
SICILIA
Mar Adriatico
Mar Tirreno
Mar Ionio
Mar Mediterraneo
Canale di Sicilia
Isole Tremiti
Lago di Lesina
Lago di Varano
Testa del Gargano
GARGANO
M. Calvo 1065
Golfo di Manfredonia
Biferno
Isernia
Campobasso
M. Miletto 2050
Foggia
TAVOLIERE
Barletta
Trani
Adria
Bari
Ofanto
Golfo di Gaeta
Volturno
Caserta
Benevento
LE MURGE
Avellino
Vesuvio 1281
Napoli
Cervialto 1809
Potenza
Bradano
Matera
Penisola Salentina
Brindisi
Ischia
Procida
Salerno
Capri
Penisola Sorrentina
Taranto
Lecce
Golfo di Taranto
P. Licosa
M. Cervati 1898
M. del Papa 2005
Agri
C. d'Otranto
Pollino 2248
C. Palinuro
Golfo di Policastro
C. Spulico
C. S. Maria di Leuca
Golfo di Corigliano
C. Bonifati
Punta Alice
Cosenza
Crotone
Catanzaro
C. Rizzuto
Golfo di Sant'Eufemia
Golfo di Squillace
Appennino calabrese
Stromboli
Isole Eolie
Panarea
Salina
Vibo Valentia
C. Vaticano
Ustica
Alicudi
Filicudi
Lipari
Vulcano
Punta Stilo
C. Milazzo
C. San Vito
Punta Raisi
Palermo
Golfo di Termini Imerese
C. Orlando
Messina
Reggio Calabria
C. Bruzzano
Marettimo
Levanzo
Trapani
C. Spartivento
Isole Egadi
Favignana
Alcantara
Stretto di Messina
Etna 3329
Caltanissetta
Enna
Catania
C. S. Marco
Golfo di Catania
Agrigento
C. S. Croce
Siracusa
Golfo di Gela
Ragusa
Golfo di Noto
Pantelleria
C. Scaramia
C. Passero
C. Isola delle Correnti
MALTA
Isole Pelagie
Linosa
Lampione
Lampedusa
12°
14°
16°
18°
42°
40°
38°
36°

PIEMONTE

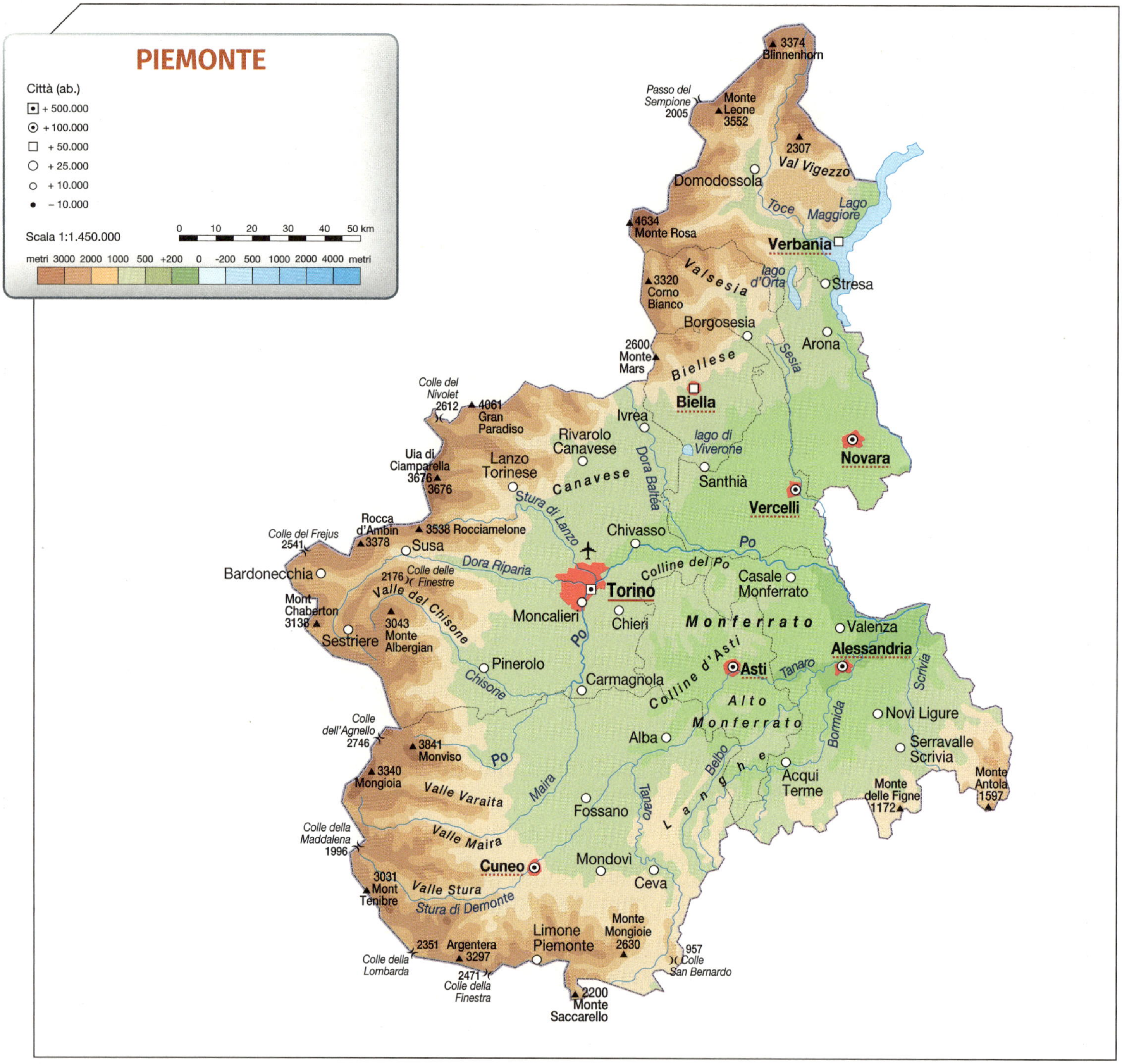

VALLE D'AOSTA

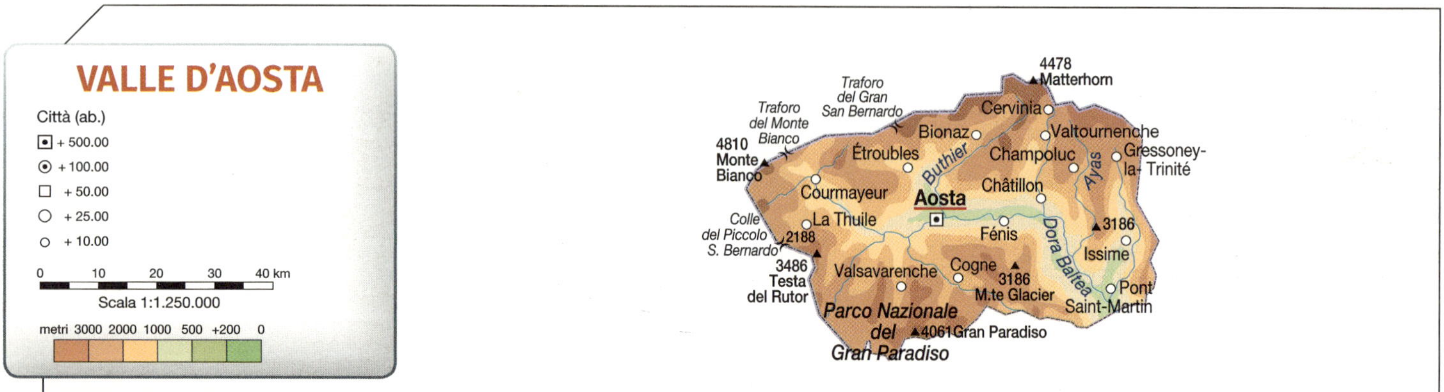

PIEMONTE FISICA MUTA

5000 4000 3000 2000 1500 1000 500 200 100 0 metri

Scala 1: 1.500.000

0 15 30 45 60 75 km

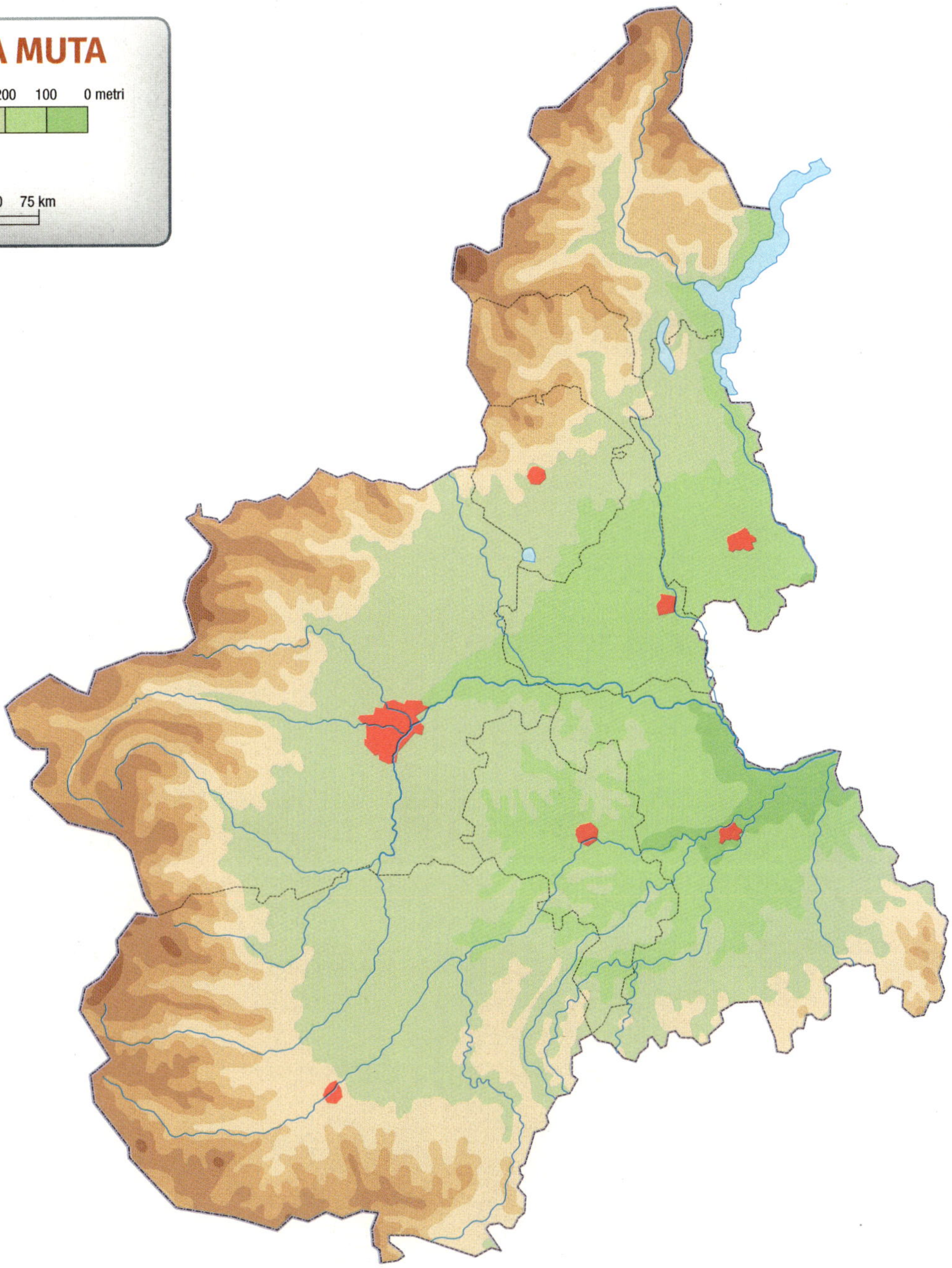

VALLE D'AOSTA FISICA MUTA

5000 4000 3000 2000 1500 1000 500 200 100 0 metri

Scala 1: 1.500.000

0 15 30 45 60 75 km

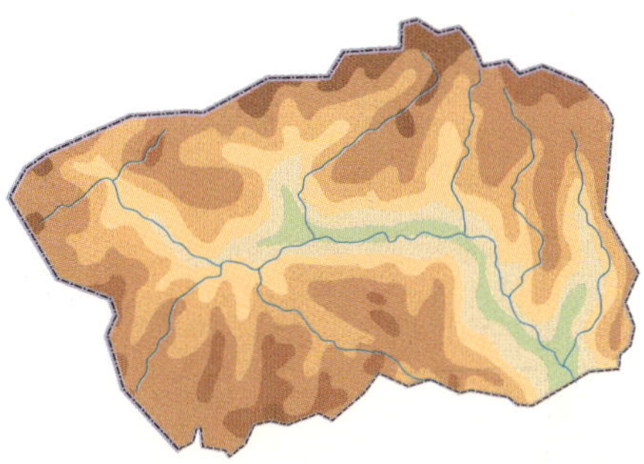

LIGURIA

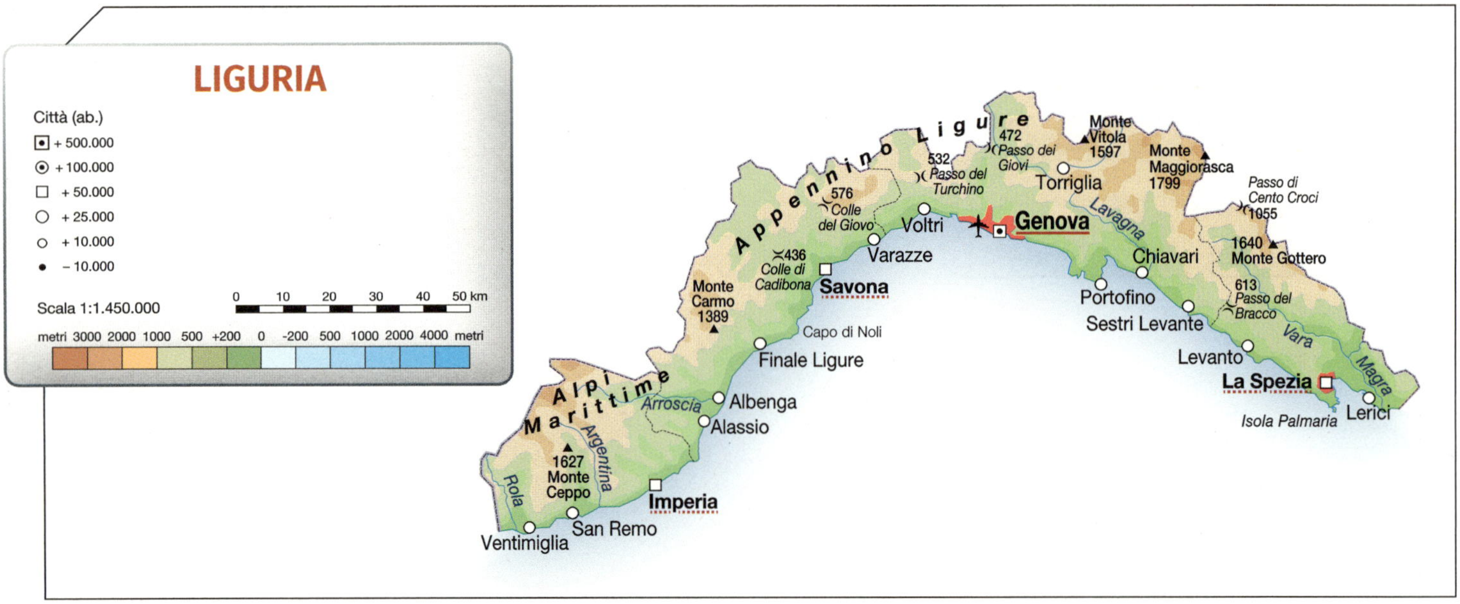

LOMBARDIA

LIGURIA FISICA MUTA

5000 4000 3000 2000 1500 1000 500 200 100 0 metri

Scala 1: 1.500.000
0 15 30 45 60 75 km

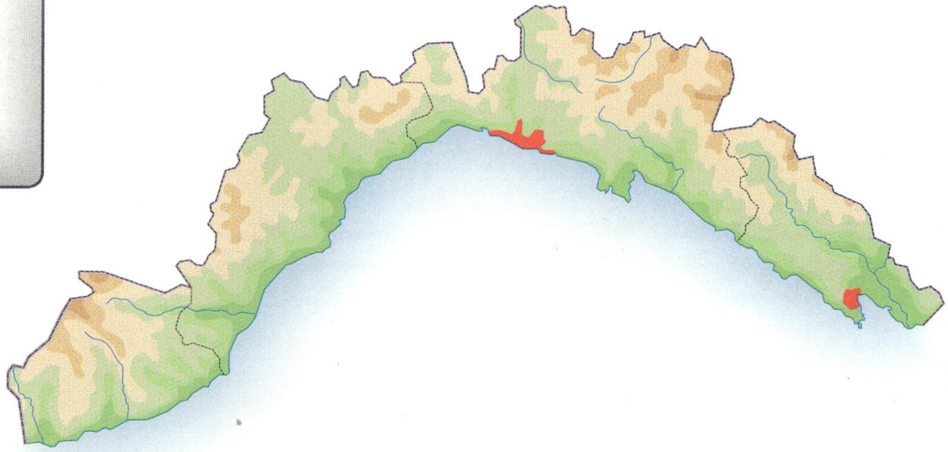

LOMBARDIA FISICA MUTA

5000 4000 3000 2000 1500 1000 500 200 100 0 metri

Scala 1: 1.500.000
0 15 30 45 60 75 km

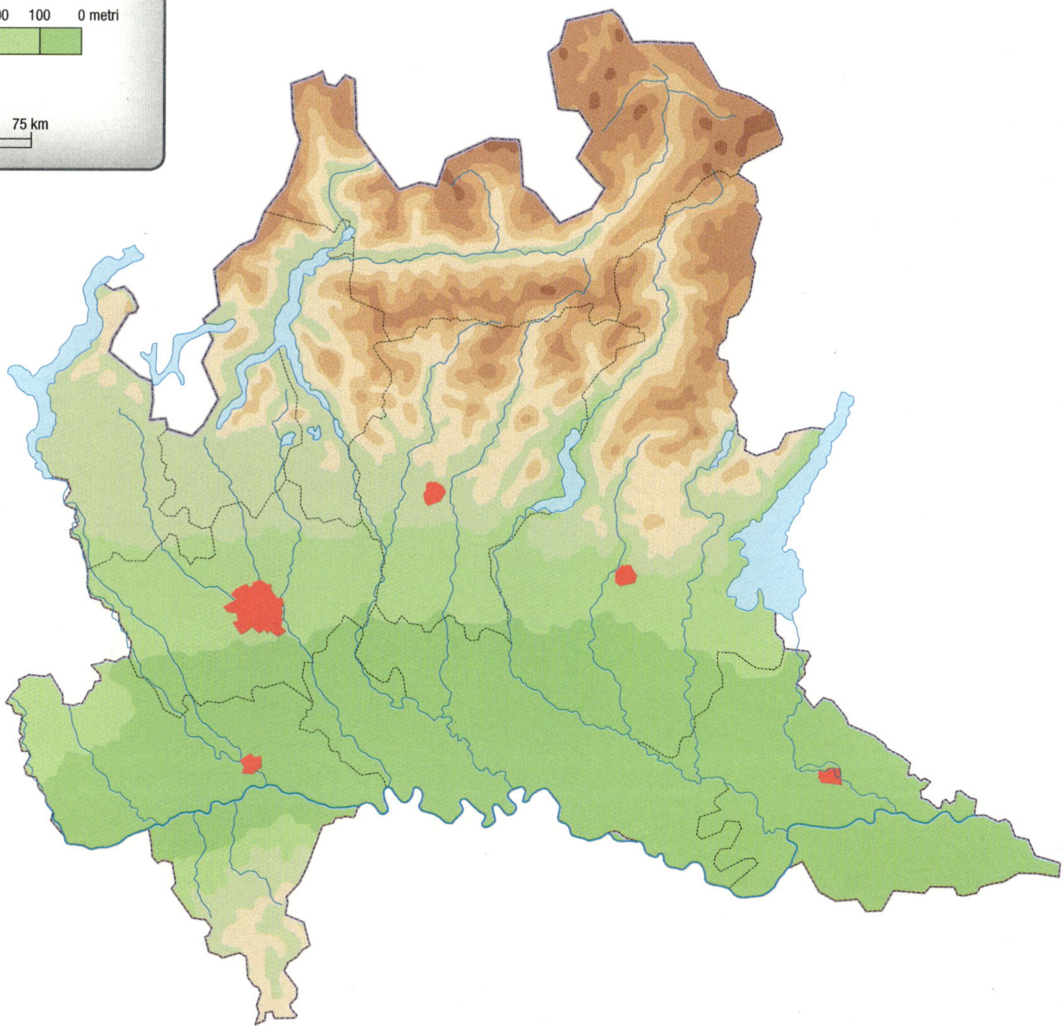

TRENTINO-ALTO ADIGE

Città (ab.)

- + 500.000
- + 100.000
- + 50.000
- + 25.000
- + 10.000
- – 10.000

0 10 20 30 40 50 km

Scala 1:1.450.000

metri 3000 2000 1000 500 +200 0

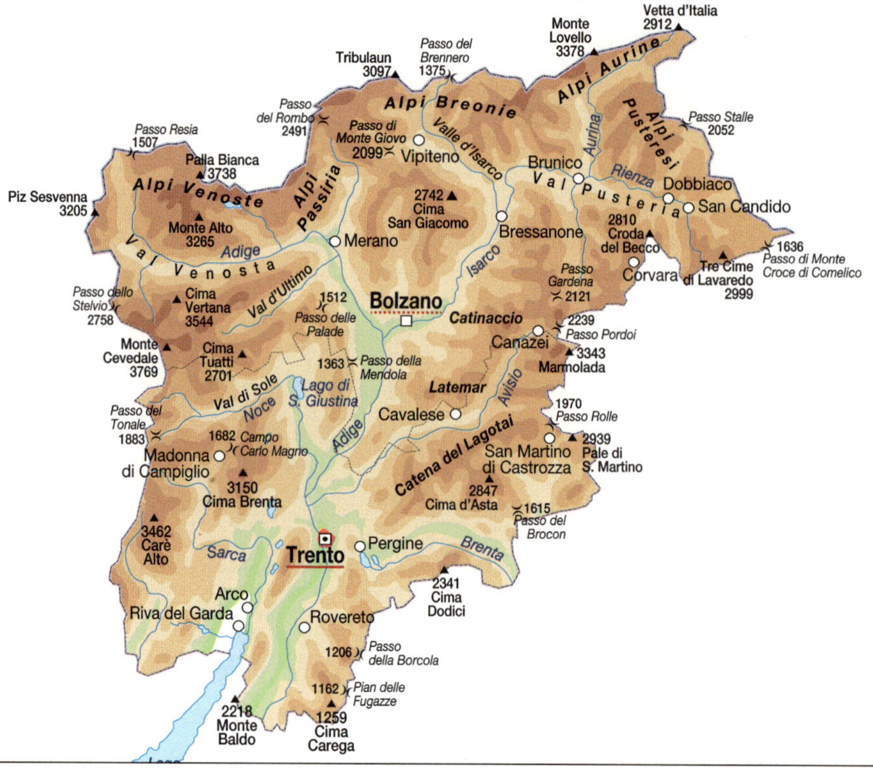

VENETO

Città (ab.)

- + 500.000
- + 100.000
- + 50.000
- + 25.000
- + 10.000
- – 10.000

Scala 1:1.450.000

0 10 20 30 40 50 km

metri 3000 2000 1000 500 +200 0 -200 500 1000 2000 4000 metri

TRENTINO-ALTO ADIGE FISICA MUTA

5000 4000 3000 2000 1500 1000 500 200 100 0 metri

Scala 1: 1.500.000

0 15 30 45 60 75 km

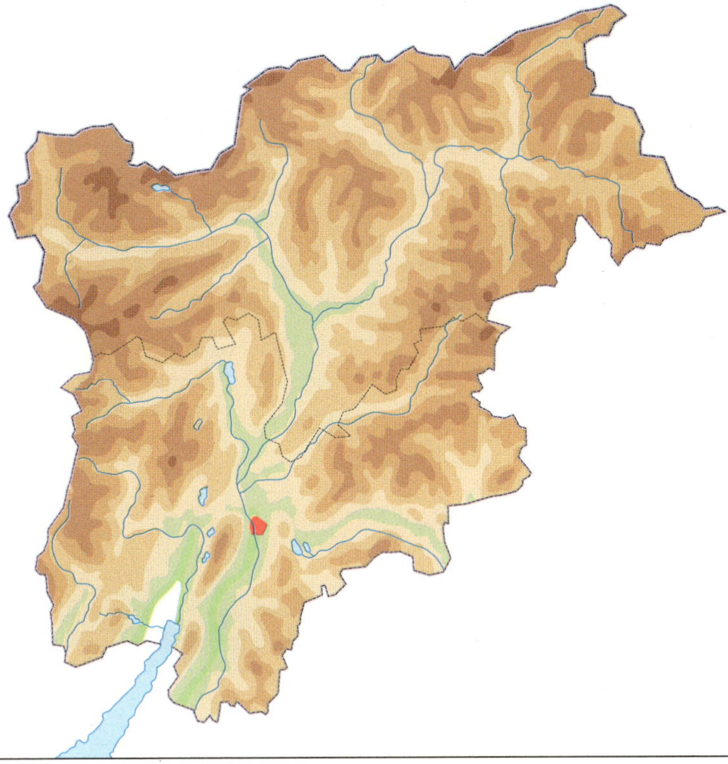

VENETO FISICA MUTA

5000 4000 3000 2000 1500 1000 500 200 100 0 metri

Scala 1: 1.500.000

0 15 30 45 60 75 km

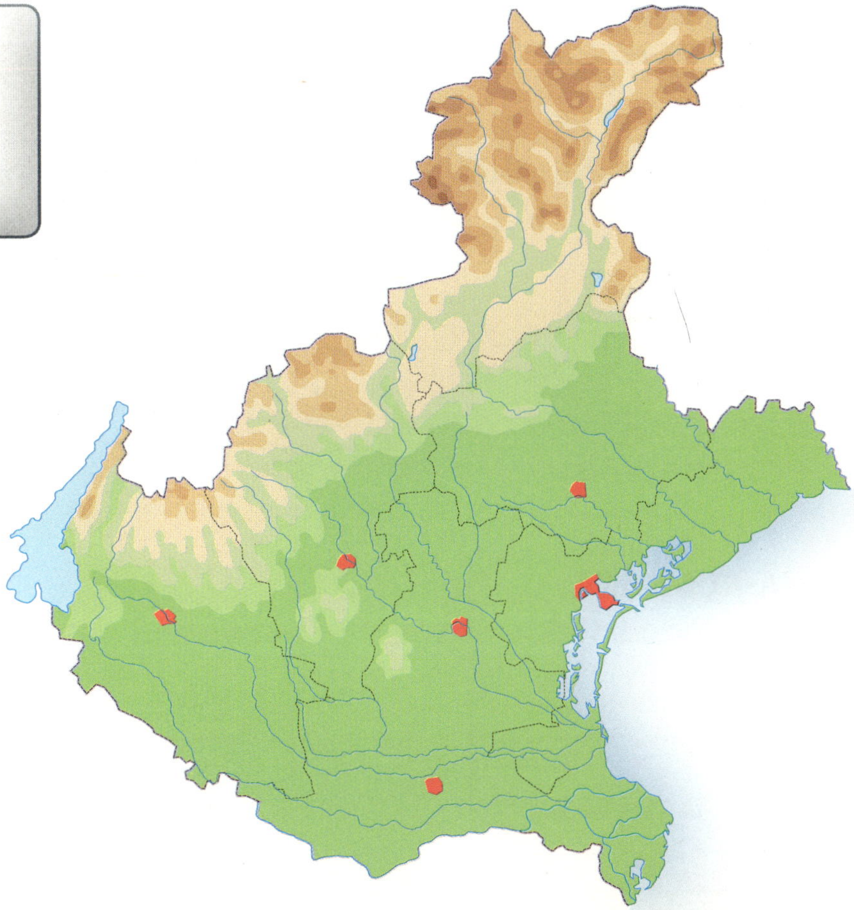

FRIULI-VENEZIA GIULIA

Città (ab.)

- ▣ + 500.000
- ⊙ + 100.000
- □ + 50.000
- ○ + 25.000
- ○ + 10.000
- • – 10.000

Scala 1:1.450.000 — 0 10 20 30 40 50 km

metri 3000 2000 1000 500 +200 0 -200 500 1000 2000 4000 metri

EMILIA-ROMAGNA

Città (ab.)

- ▣ + 500.000
- ⊙ + 100.000
- □ + 50.000
- ○ + 25.000
- ○ + 10.000
- • – 10.000

Scala 1:1.450.000 — 0 10 20 30 40 50 km

metri 3000 2000 1000 500 +200 0 -200 500 1000 2000 4000 metri

FRIULI-VENEZIA GIULIA
FISICA MUTA

5000 4000 3000 2000 1500 1000 500 200 100 0 metri

Scala 1: 1.500.000

0 15 30 45 60 75 km

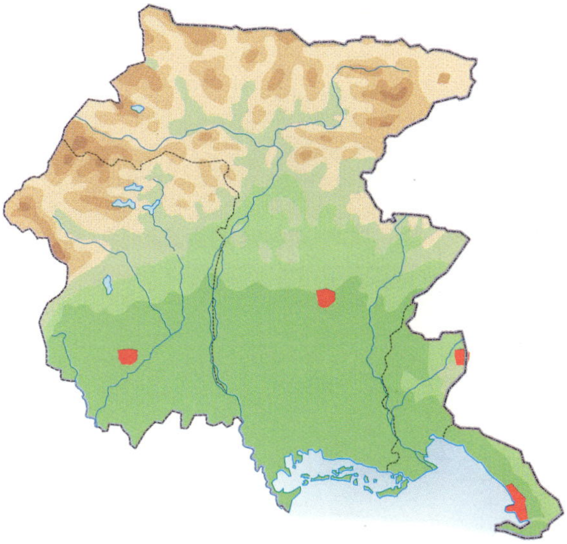

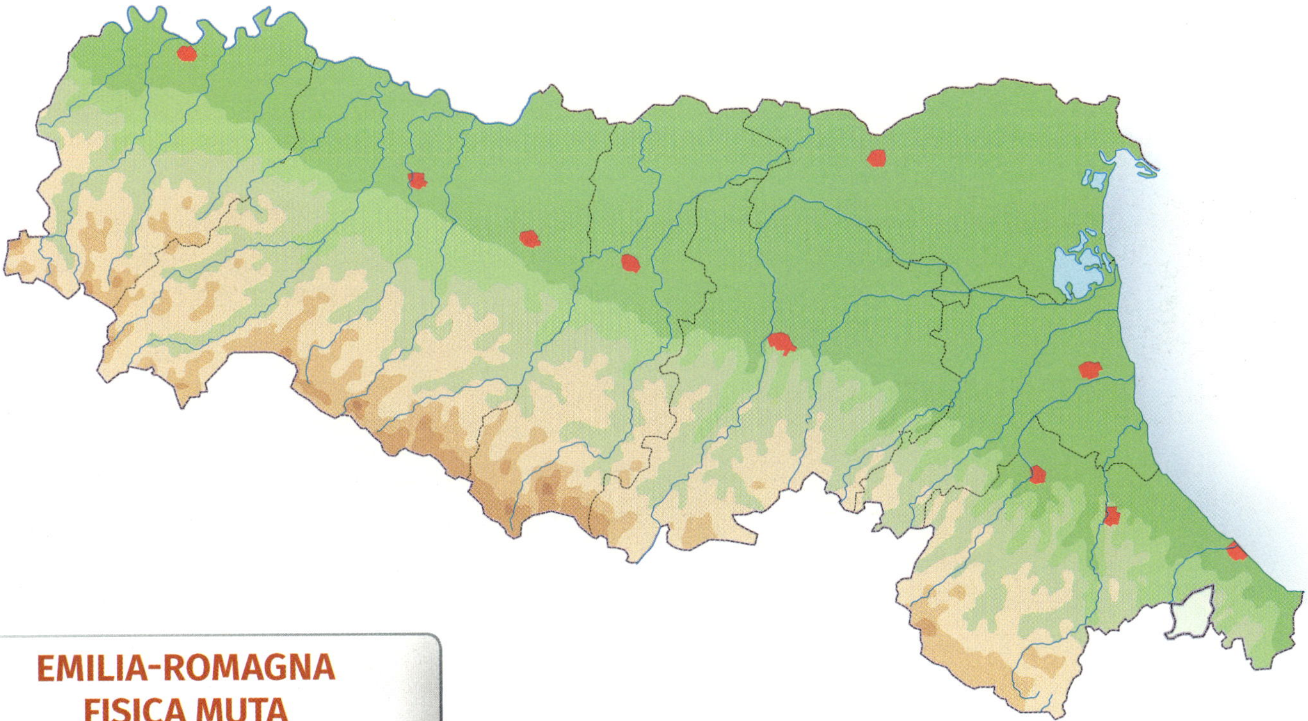

EMILIA-ROMAGNA
FISICA MUTA

5000 4000 3000 2000 1500 1000 500 200 100 0 metri

Scala 1: 1.500.000

0 15 30 45 60 75 km

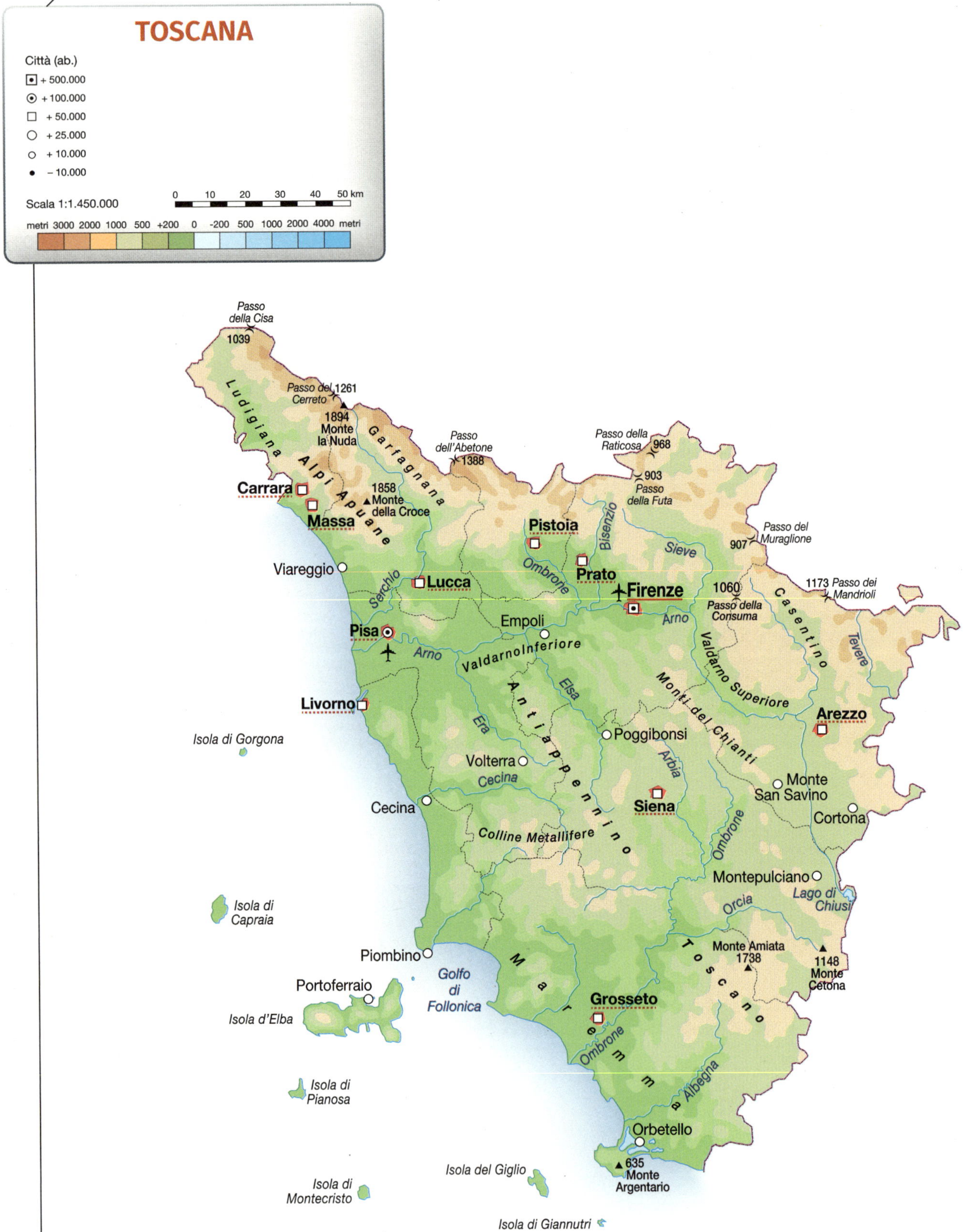
TOSCANA
Città (ab.)
+ 500.000
+ 100.000
+ 50.000
+ 25.000
+ 10.000
– 10.000
Scala 1:1.450.000
0 10 20 30 40 50 km
metri 3000 2000 1000 500 +200 0 -200 500 1000 2000 4000 metri
Passo della Cisa
1039
Lunigiana
Passo del Cerreto
1261
1894 Monte la Nuda
Garfagnana
Alpi Apuane
Carrara
Massa
1858 Monte della Croce
Passo dell'Abetone
1388
Passo della Raticosa
968
903 Passo della Futa
Pistoia
Bisenzio
Sieve
Passo del Muraglione
907
Viareggio
Lucca
Serchio
Ombrone
Prato
Firenze
1060 Passo della Consuma
1173 Passo dei Mandrioli
Casentino
Tevere
Pisa
Arno
Empoli
Valdarno Inferiore
Valdarno Superiore
Monti del Chianti
Livorno
Antiappennino
Elsa
Era
Arezzo
Isola di Gorgona
Poggibonsi
Volterra
Cecina
Arbia
Siena
Monte San Savino
Cortona
Cecina
Colline Metallifere
Ombrone
Montepulciano
Lago di Chiusi
Isola di Capraia
Orcia
Piombino
Monte Amiata 1738
1148 Monte Cetona
Maremma
Toscano
Portoferraio
Golfo di Follonica
Isola d'Elba
Grosseto
Ombrone
Albegna
Isola di Pianosa
Orbetello
635 Monte Argentario
Isola di Montecristo
Isola del Giglio
Isola di Giannutri

TOSCANA FISICA MUTA

5000 4000 3000 2000 1500 1000 500 200 100 0 metri

Scala 1: 1.500.000
0 15 30 45 60 75 km

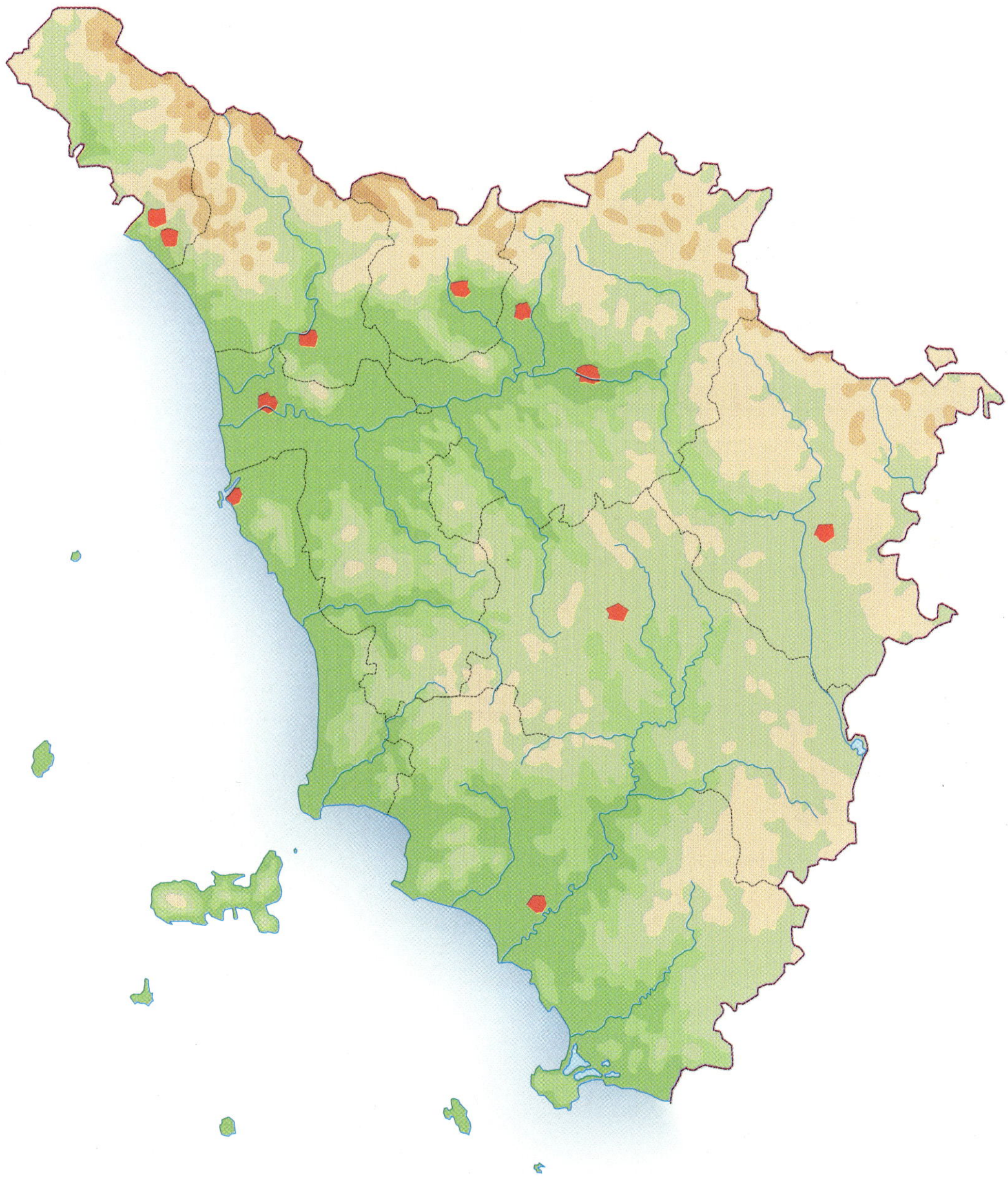

MARCHE

Città (ab.)
- + 500.000
- + 100.000
- + 50.000
- + 25.000
- + 10.000
- – 10.000

Scala 1:1.450.000

0 10 20 30 40 50 km

metri 3000 2000 1000 500 +200 0 -200 500 1000 2000 4000 metri

UMBRIA

Città (ab.)
- + 500.000
- + 100.000
- + 50.000
- + 25.000
- + 10.000
- – 10.000

0 10 20 30 40 km

Scala 1:1.250.000

metri 3000 2000 1000 500 +200 0

MARCHE FISICA MUTA

5000 4000 3000 2000 1500 1000 500 200 100 0 metri

Scala 1: 1.500.000

0 15 30 45 60 75 km

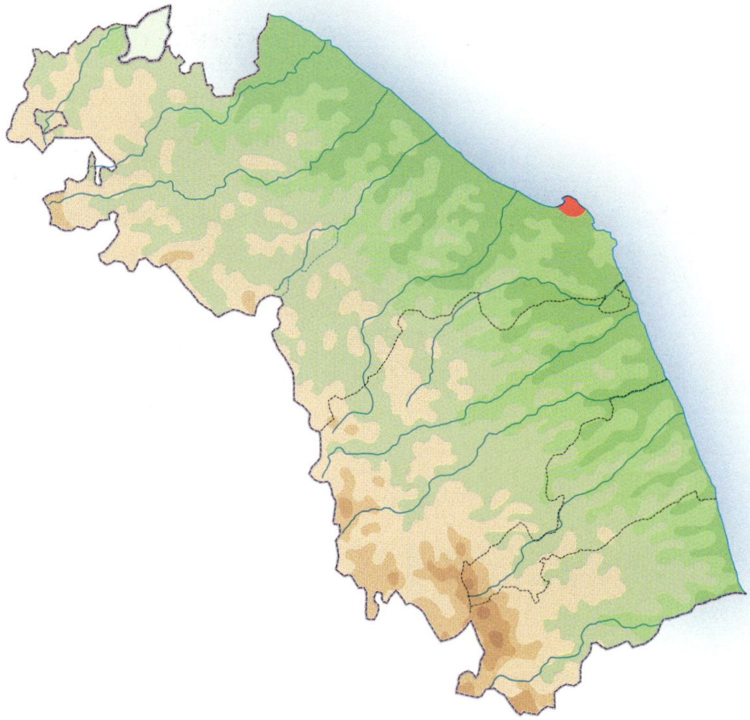

UMBRIA FISICA MUTA

5000 4000 3000 2000 1500 1000 500 200 100 0 metri

Scala 1: 1.500.000

0 15 30 45 60 75 km

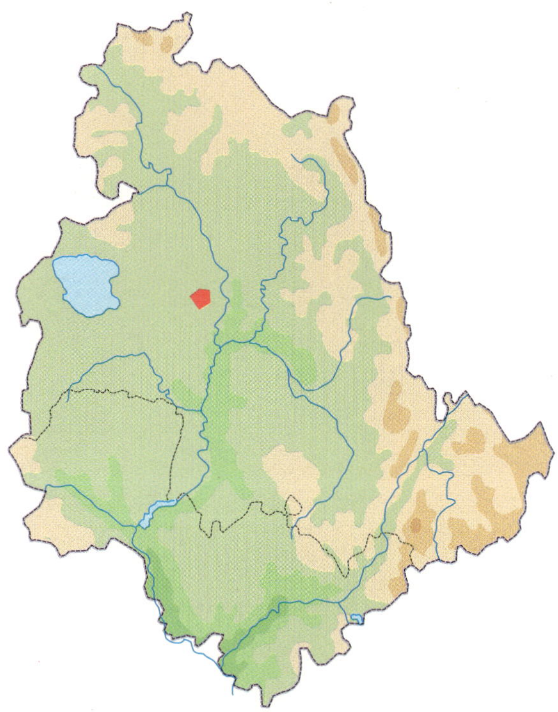

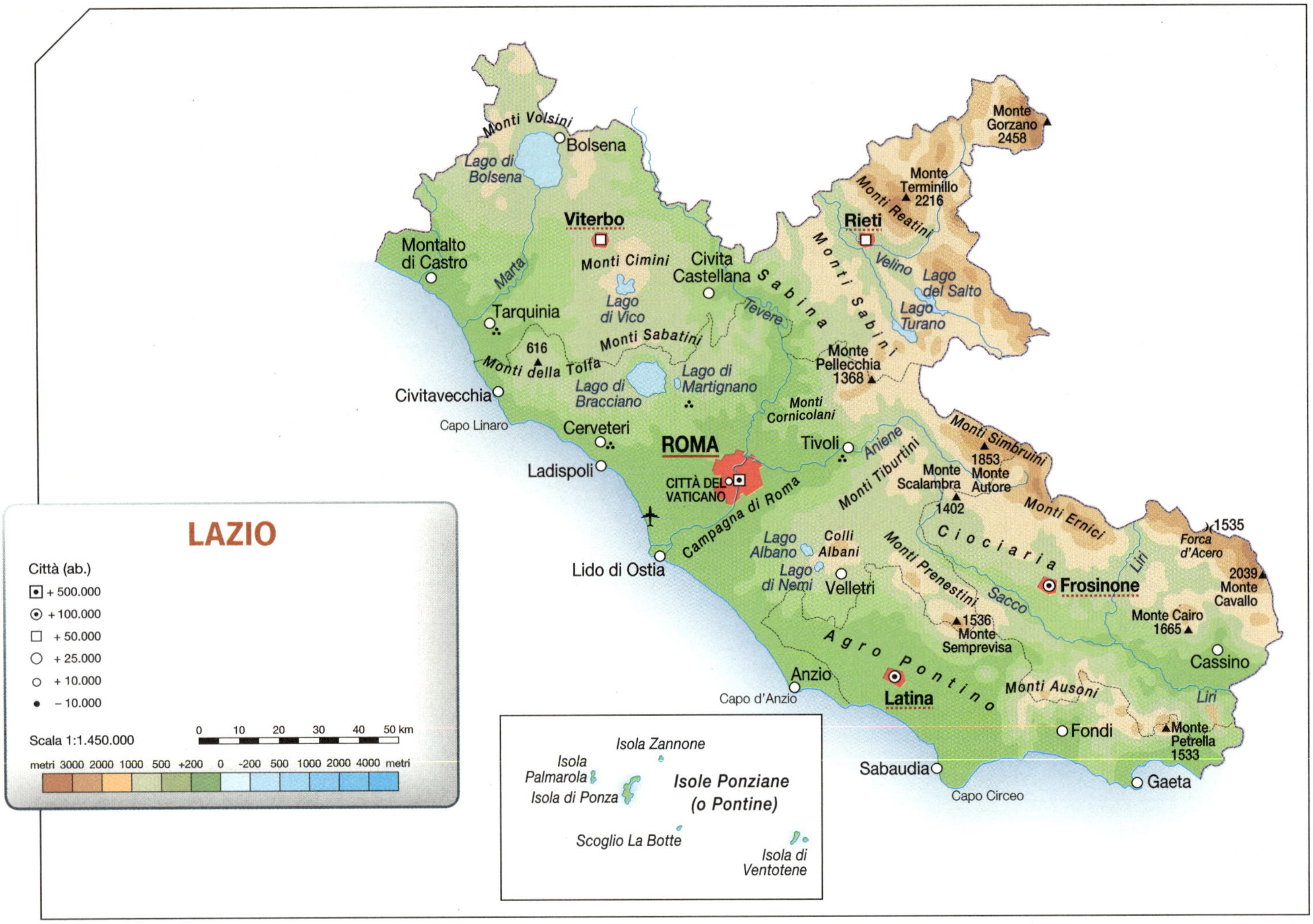
LAZIO
Città (ab.)
+ 500.000
+ 100.000
+ 50.000
+ 25.000
+ 10.000
– 10.000
Scala 1:1.450.000
0 10 20 30 40 50 km
metri 3000 2000 1000 500 +200 0 -200 500 1000 2000 4000 metri
Monti Volsini
Bolsena
Lago di Bolsena
Montalto di Castro
Marta
Viterbo
Monti Cimini
Civita Castellana
Lago di Vico
Tarquinia
Monti Sabatini
Tevere
Sabina
616
Monti della Tolfa
Lago di Bracciano
Lago di Martignano
Civitavecchia
Capo Linaro
Cerveteri
ROMA
CITTÀ DEL VATICANO
Ladispoli
Campagna di Roma
Lido di Ostia
Monti Cornicolani
Tivoli
Aniene
Monti Tiburtini
Lago Albano
Colli Albani
Lago di Nemi
Velletri
Monti Prenestini
Anzio
Capo d'Anzio
Agro Pontino
Latina
Sabaudia
Capo Circeo
Monte Gorzano 2458
Monte Terminillo 2216
Monti Reatini
Rieti
Monti Sabini
Velino
Lago del Salto
Lago Turano
Monte Pellecchia 1368
Monti Simbruini
1853 Monte Autore
Monte Scalambra 1402
Monti Ernici
Ciociaria
Liri
1535 Forca d'Acero
2039 Monte Cavallo
Frosinone
Sacco
1536 Monte Semprevisa
Monte Cairo 1665
Cassino
Monti Ausoni
Liri
Fondi
Monte Petrella 1533
Gaeta
Isola Zannone
Isola Palmarola
Isola di Ponza
Isole Ponziane (o Pontine)
Scoglio La Botte
Isola di Ventotene

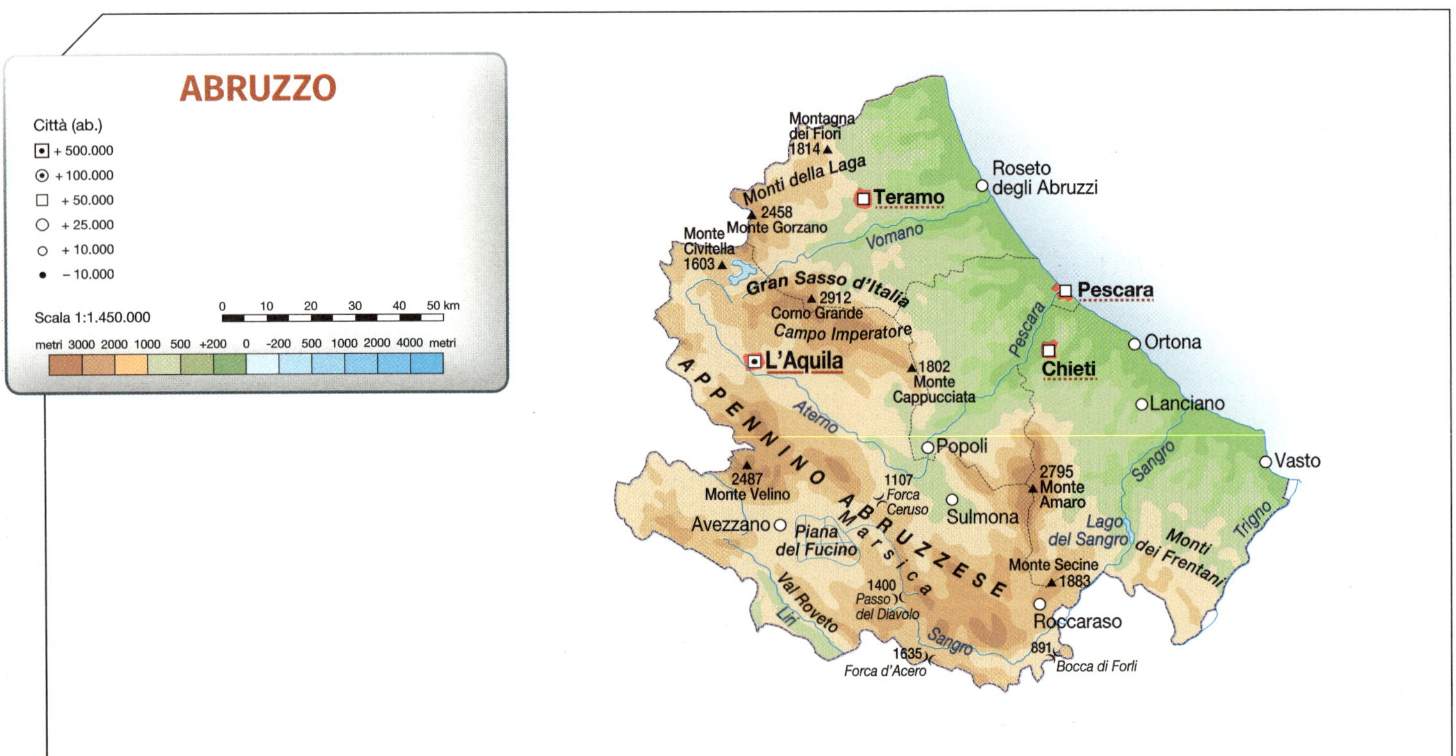
ABRUZZO
Città (ab.)
+ 500.000
+ 100.000
+ 50.000
+ 25.000
+ 10.000
– 10.000
Scala 1:1.450.000
0 10 20 30 40 50 km
metri 3000 2000 1000 500 +200 0 -200 500 1000 2000 4000 metri
Montagna dei Fiori 1814
Monti della Laga
Teramo
Roseto degli Abruzzi
2458 Monte Gorzano
Monte Civitella 1603
Vomano
Gran Sasso d'Italia
2912 Corno Grande
Campo Imperatore
Pescara
Pescara
Ortona
Chieti
L'Aquila
1802 Monte Cappucciata
Lanciano
APPENNINO ABRUZZESE
Aterno
Popoli
Vasto
Sangro
2487 Monte Velino
1107 Forca Caruso
Sulmona
2795 Monte Amaro
Avezzano
Piana del Fucino
Marsica
Lago del Sangro
Monti dei Frentani
Trigno
Monte Secine 1883
1400 Passo del Diavolo
Val Roveto
Liri
Sangro
Roccaraso
891 Bocca di Forlì
1635 Forca d'Acero

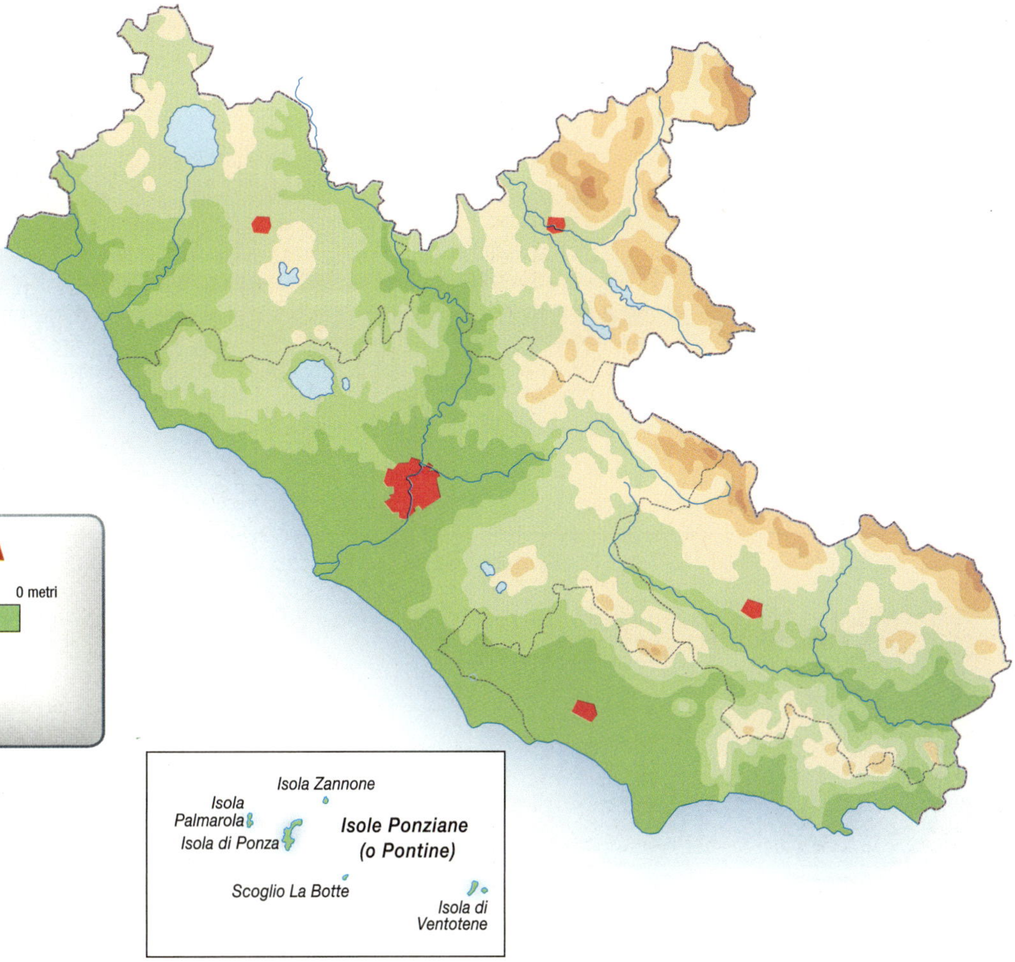

LAZIO FISICA MUTA

5000 4000 3000 2000 1500 1000 500 200 100 0 metri

Scala 1: 1.500.000
0 15 30 45 60 75 km

ABRUZZO FISICA MUTA

5000 4000 3000 2000 1500 1000 500 200 100 0 metri

Scala 1: 1.500.000
0 15 30 45 60 75 km

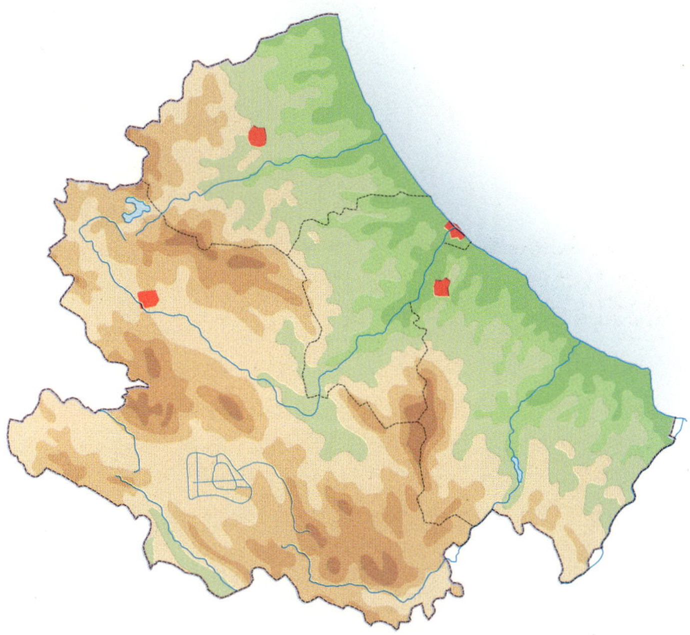

MOLISE

Città (ab.)

- + 500.000
- + 100.000
- + 50.000
- + 25.000
- + 10.000
- – 10.000

Scala 1:1.250.000

0 10 20 30 40 km

metri 3000 2000 1000 500 +200 0 -200 500 1000 2000 4000 metri

CAMPANIA

Città (ab.)

- + 500.000
- + 100.000
- + 50.000
- + 25.000
- + 10.000
- – 10.000

metri 3000 2000 1000 500 +200 0 -200 500 1000 2000 4000 metri

MOLISE FISICA MUTA

5000 4000 3000 2000 1500 1000 500 200 100 0 metri

Scala 1: 1.500.000

0 15 30 45 60 75 km

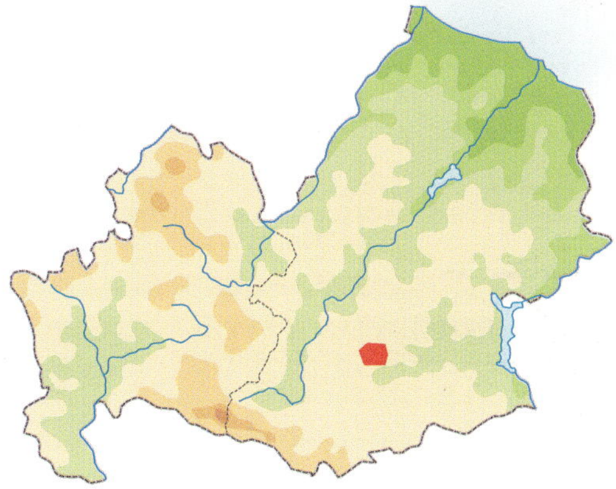

CAMPANIA FISICA MUTA

5000 4000 3000 2000 1500 1000 500 200 100 0 metri

Scala 1: 1.500.000

0 15 30 45 60 75 km

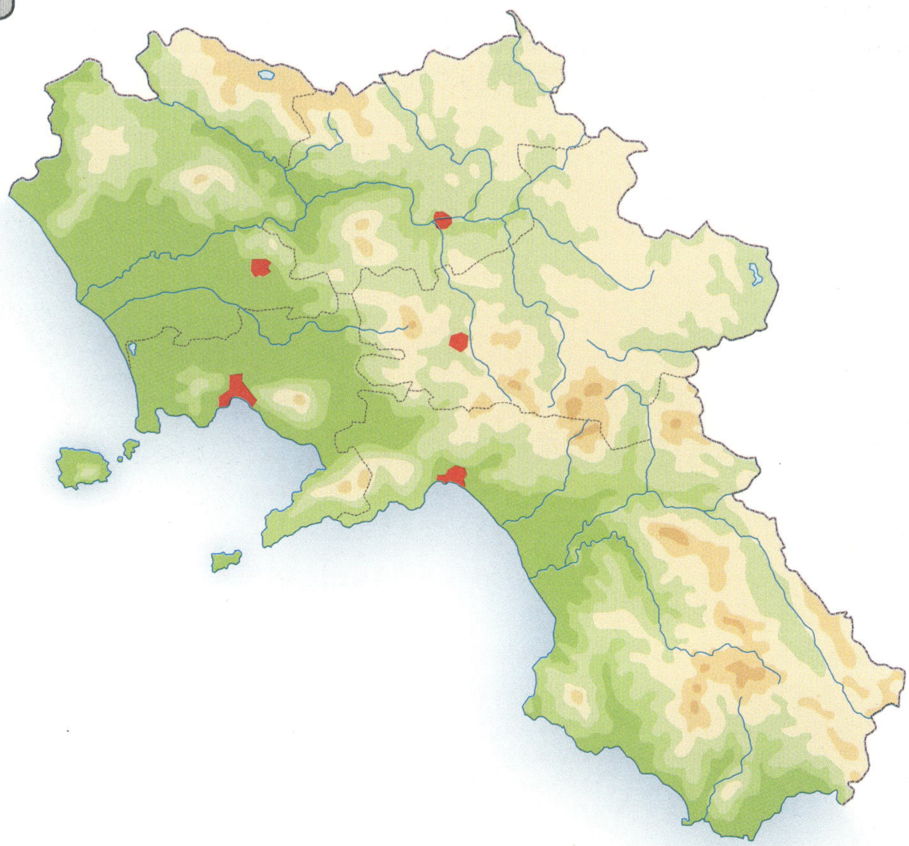

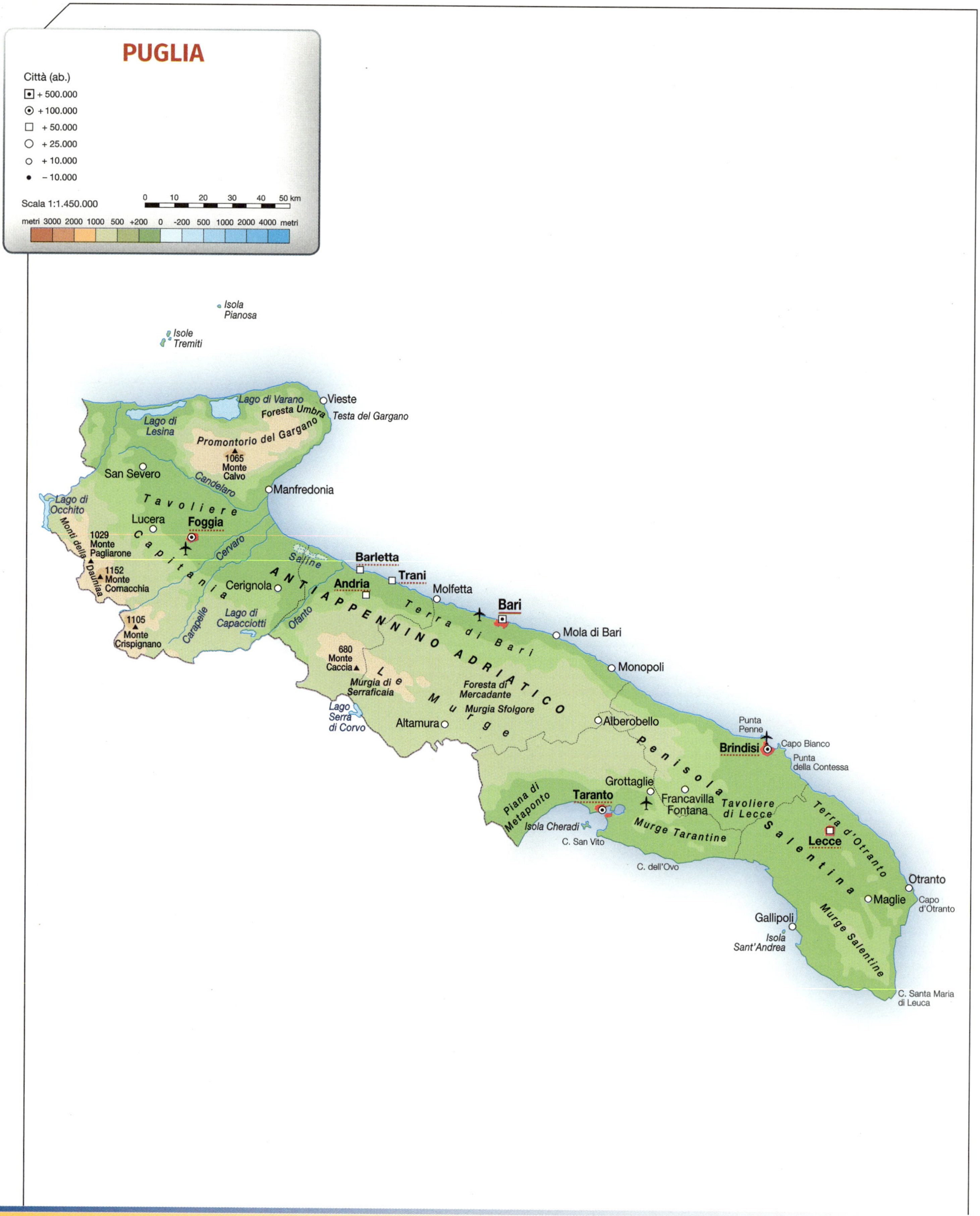

PUGLIA
Città (ab.)
+ 500.000
+ 100.000
+ 50.000
+ 25.000
+ 10.000
– 10.000
Scala 1:1.450.000
0 10 20 30 40 50 km
metri 3000 2000 1000 500 +200 0 -200 500 1000 2000 4000 metri
Isola Pianosa
Isole Tremiti
Lago di Varano
Vieste
Foresta Umbra
Testa del Gargano
Lago di Lesina
Promontorio del Gargano
1065 Monte Calvo
San Severo
Candelaro
Manfredonia
Lago di Occhito
Tavoliere
Lucera
Foggia
Monti della Daunia
1029 Monte Pagliarone
Capitanata
Cervaro
Saline
Barletta
Trani
1152 Monte Cornacchia
Cerignola
Andria
Molfetta
Bari
1105 Monte Crispignano
Carapelle
Lago di Capacciotti
Ofanto
ANTIAPPENNINO ADRIATICO
Terra di Bari
Mola di Bari
680 Monte Caccia
Monopoli
Murgia di Serraficaia
Le Murge
Foresta di Mercadante
Murgia Sfolgore
Lago Serra di Corvo
Altamura
Alberobello
Punta Penne
Brindisi
Capo Bianco
Punta della Contessa
Penisola Salentina
Grottaglie
Francavilla Fontana
Piana di Metaponto
Taranto
Tavoliere di Lecce
Terra d'Otranto
Isola Cheradi
C. San Vito
Murge Tarantine
Lecce
C. dell'Ovo
Otranto
Maglie
Capo d'Otranto
Gallipoli
Isola Sant'Andrea
Murge Salentine
C. Santa Maria di Leuca

PUGLIA FISICA MUTA

5000 4000 3000 2000 1500 1000 500 200 100 0 metri

Scala 1: 1.500.000

0 15 30 45 60 75 km

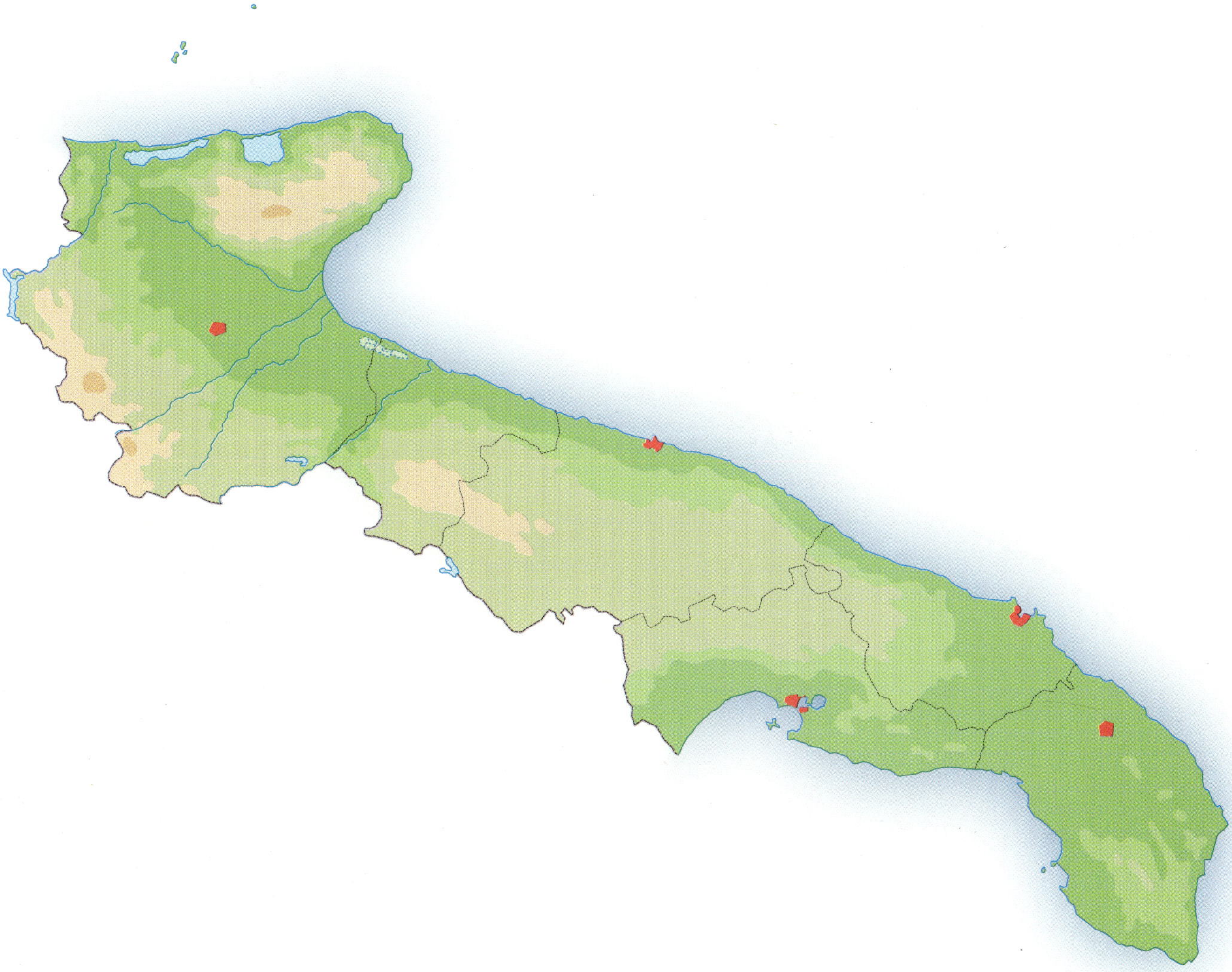

BASILICATA

Città (ab.)

- + 500.000
- + 100.000
- + 50.000
- + 25.000
- + 10.000
- − 10.000

Scala 1:1.250.000 — 0 10 20 30 40 km

metri 3000 2000 1000 500 +200 0 -200 500 1000 2000 4000 metri

CALABRIA

Città (ab.)

- + 500.000
- + 100.000
- + 50.000
- + 25.000
- + 10.000
- − 10.000

Scala 1:1.450.000 — 0 10 20 30 40 50 km

metri 3000 2000 1000 500 +200 0 -200 500 1000 2000 4000 metri

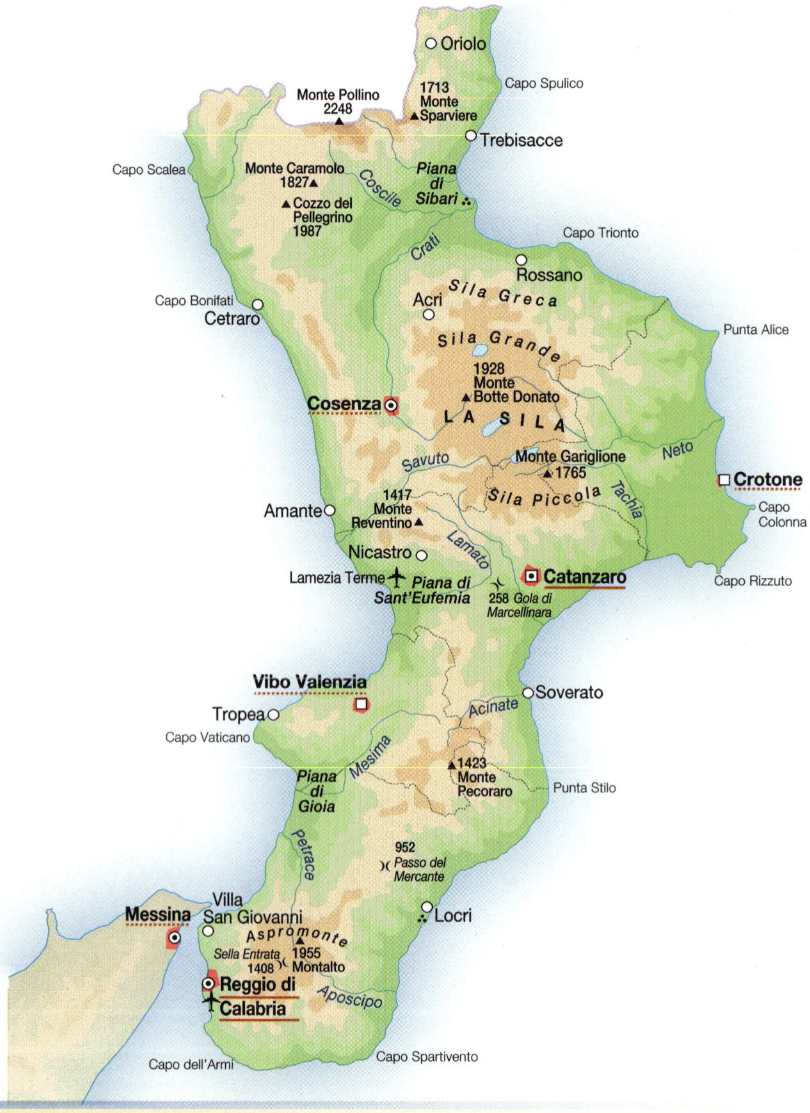

BASILICATA FISICA MUTA

5000 4000 3000 2000 1500 1000 500 200 100 0 metri

Scala 1: 1.500.000

0 15 30 45 60 75 km

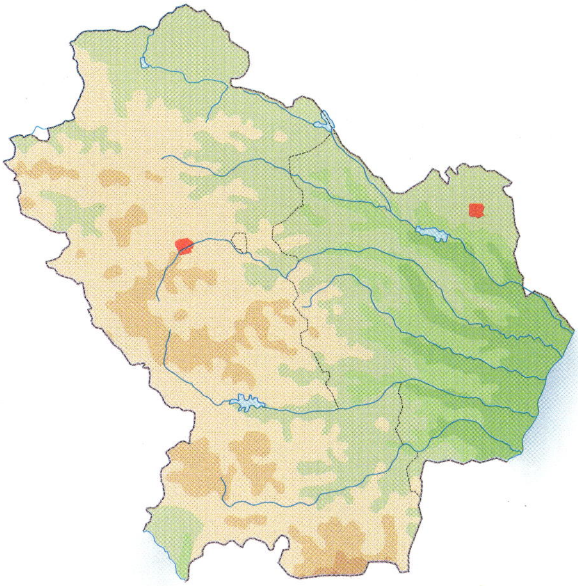

CALABRIA FISICA MUTA

5000 4000 3000 2000 1500 1000 500 200 100 0 metri

Scala 1: 1.500.000

0 15 30 45 60 75 km

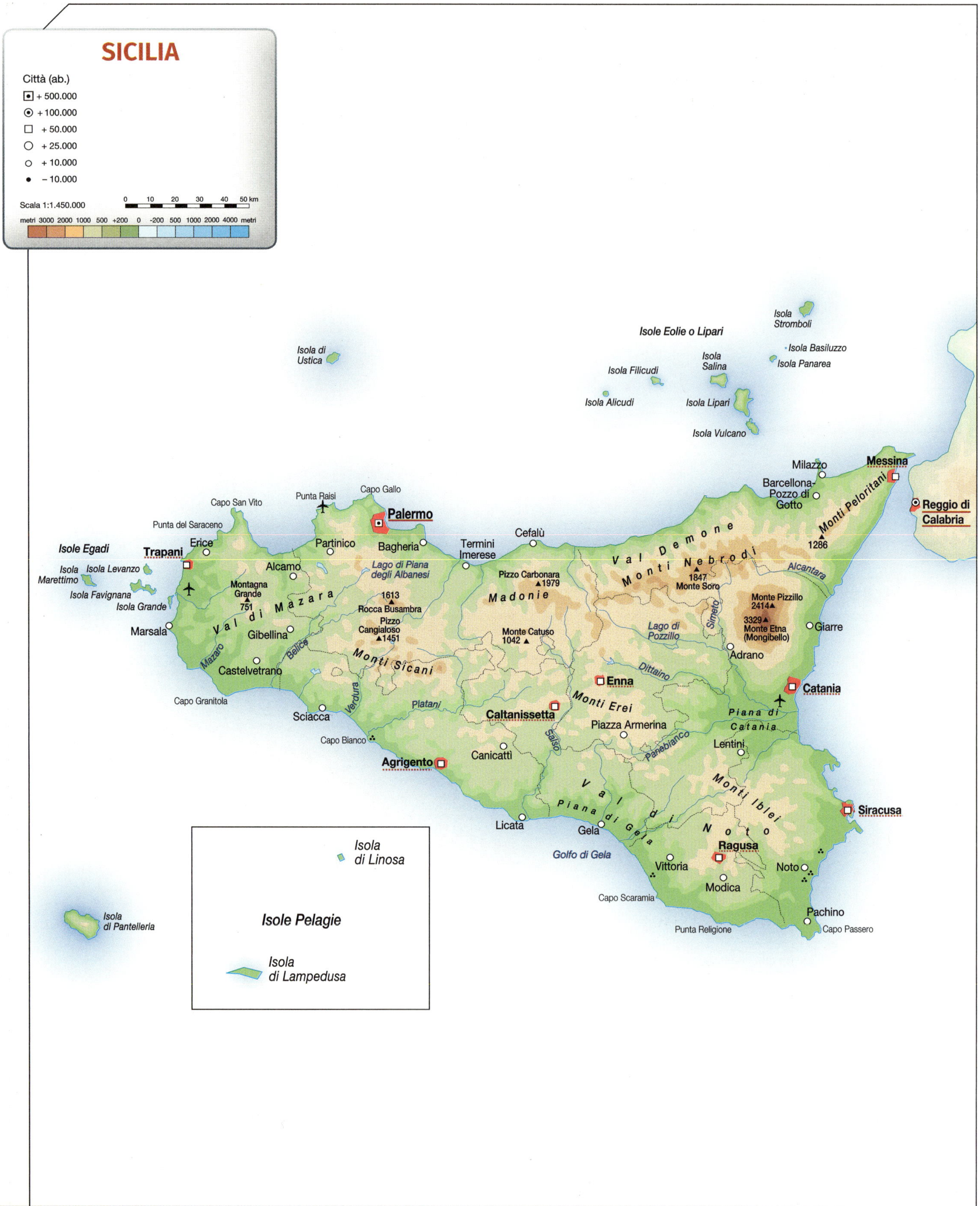
SICILIA
Città (ab.)
+ 500.000
+ 100.000
+ 50.000
+ 25.000
+ 10.000
– 10.000
Scala 1:1.450.000
0 10 20 30 40 50 km
metri 3000 2000 1000 500 +200 0 -200 500 1000 2000 4000 metri
Isola di Ustica
Isole Eolie o Lipari
Isola Stromboli
Isola Basiluzzo
Isola Panarea
Isola Salina
Isola Filicudi
Isola Alicudi
Isola Lipari
Isola Vulcano
Milazzo
Messina
Barcellona-Pozzo di Gotto
Reggio di Calabria
Monti Peloritani
1286
Capo Gallo
Punta Raisi
Capo San Vito
Punta del Saraceno
Palermo
Isole Egadi
Trapani
Erice
Partinico
Bagheria
Termini Imerese
Cefalù
Val Demone
Monti Nebrodi
1847 Monte Soro
Alcantara
Isola Marettimo
Isola Levanzo
Isola Favignana
Isola Grande
Alcamo
Lago di Piana degli Albanesi
Montagna Grande 751
1613 Rocca Busambra
Pizzo Carbonara 1979
Madonie
Monte Pizzillo 2414
3329 Monte Etna (Mongibello)
Simeto
Val di Mazara
Pizzo Cangialoso 1451
Marsala
Gibellina
Monte Catuso 1042
Lago di Pozzillo
Giarre
Adrano
Mazaro
Belice
Castelvetrano
Monti Sicani
Dittaino
Enna
Catania
Capo Granitola
Verdura
Platani
Caltanissetta
Monti Erei
Piana di Catania
Sciacca
Piazza Armerina
Capo Bianco
Salso
Canicattì
Agrigento
Lentini
Panebianco
Val di Noto
Monti Iblei
Siracusa
Piana di Gela
Licata
Gela
Golfo di Gela
Ragusa
Vittoria
Noto
Modica
Capo Scaramia
Pachino
Punta Religione
Capo Passero
Isola di Pantelleria
Isola di Linosa
Isole Pelagie
Isola di Lampedusa

SICILIA FISICA MUTA
5000 4000 3000 2000 1500 1000 500 200 100 0 metri
Scala 1: 1.500.000
0 15 30 45 60 75 km
Isola di Linosa
Isole Pelagie
Isola di Lampedusa

SARDEGNA
Città (ab.)
+ 500.000
+ 100.000
+ 50.000
+ 25.000
+ 10.000
– 10.000
Scala 1:1.450.000
0 10 20 30 40 50 km
metri 3000 2000 1000 500 +200 0 -200 500 1000 2000 4000 metri
Isola Budello
Isola Maddalena
Santa Teresa di Gallura
Porto Cervo
Isola dell'Asinara
Gallura
Porto Rotondo
Tempio Pausania
Olbia
Isola Tavolara
Castelsardo
Porto Torres
1359
Anglona
la Nurra
Turritano
Lago del Coghinas
Sassari
Monti di Alà
Lago di Posada
Logudoro
Coghinas
Ozieri
1094 Monte Lerno
Capo Caccia
Alghero
Thiesi
Mellogu
Catena del Goceano
Siniscóla
Monte Albo
1259 Montagna Rasu
Orosei
Campeda
Capo Marargiu
Lago del Cedrino
Nuoro
Dorgali
Macomer
Tirso
Barbagia
Lago di Govossai
Altopiano di Abbasantà
1050 Monte Urtigu
Lago Omodeo
Monti del Gennargentu
Mandrolisai
1834 Punta la Marmora
Isola di Mal di Ventre
Stagno di Cabras
Tirso
Tortolì
Oristano
Ogliastra
Capo San Marco
Lanusei
Arborea
Sarcidano
Monte Arci
Capo Frasca
Úras
Lago del Flumendosa
Campidano
Salto di Quirra
Mannu
Lago Mulargia
Cúspini
Iglesiente
Flumendosa
Capo Pecora
Gerrei
1236
Sarrabus
Fluminese
1067 Punta Serpeddì
Iglesias
C. Ferrato
Quartu S. Elena
Isola di San Pietro
Carbonia
Cagliari
1116 Monte Caravius
Sant'Antioco
Sulcis
C. Carbonara
Isola di Sant'Antioco
Teulada
Capo Teulada
C. Spartivento

SARDEGNA FISICA MUTA

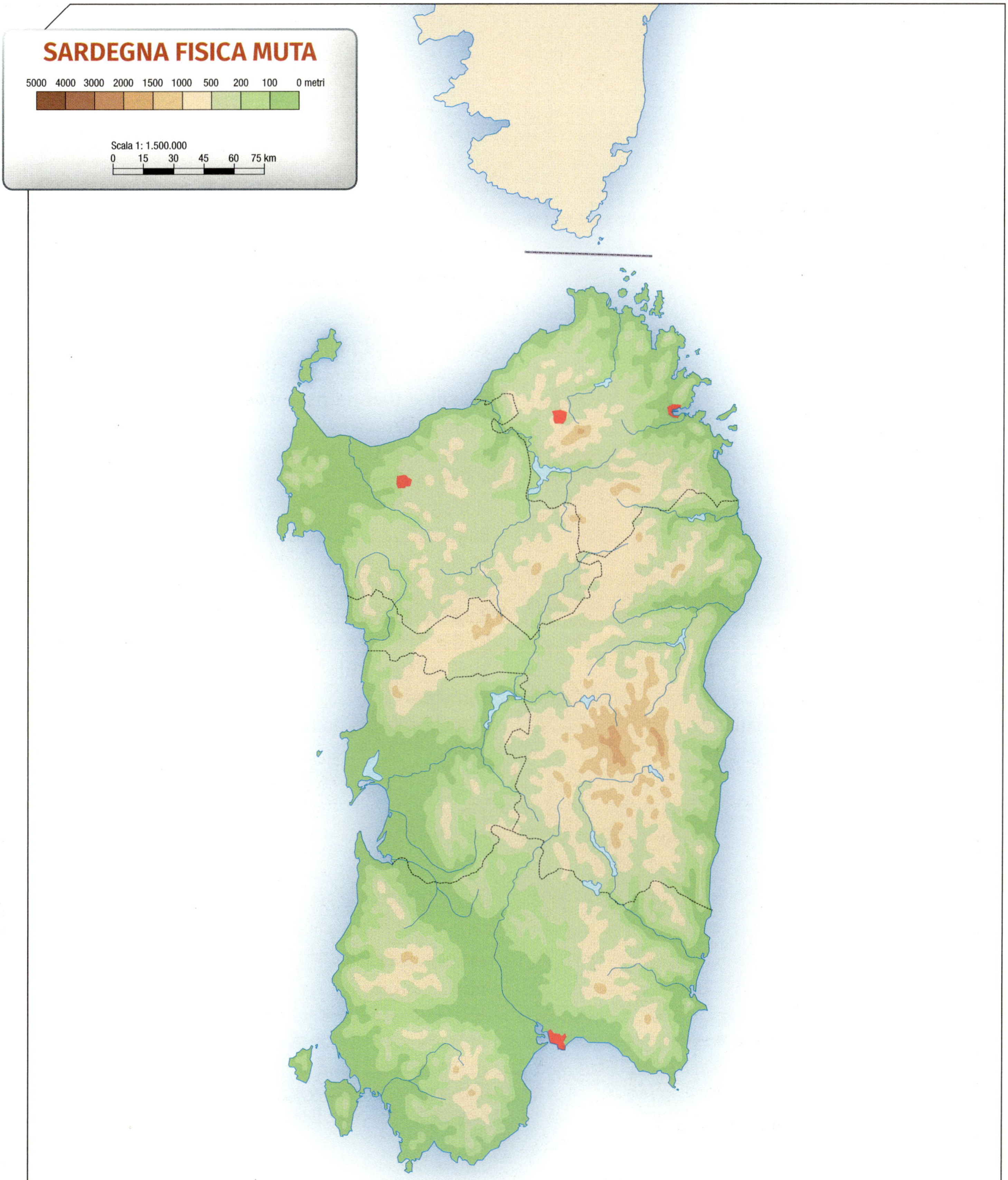

Coordinamento redazionale
Raffaella Perinetti

Impaginazione
Rubber Band (Torino)

Cartografia
Studio Lauti (Bologna)

Coordinamento prestampa
Gianni Dusio

Prima edizione 2017

ristampa 2 3 4 5 6 7 8 9 10
anno 18 19 20 21

www.latteseditori.it
info@latteseditori.it

ISBN 978-88-6917-206-9

Stampato in Italia - Printed in Italy
per conto della casa editrice da
V. Bona SpA – Torino